PERIODISMO: INSTRUCCIONES DE USO

El título de este libro remite a la gran obra de
Georges Perec: *La vida instrucciones de uso*.

Prólogo y selección:

Reynaldo Sietecase

Caparrós | O'Donnell | Alconada Mon | Fernández Moores | Alarcón
Becerra | Guerriero | Mochkofsky | Barral Grigera | Schejtman

Periodismo: instrucciones de uso

Ensayos sobre una profesión en crisis

Periodismo : instrucciones de uso : ensayos sobre una profesión en crisis /
Reynaldo Sietecase... [et al.] ; compilado por Reynaldo Sietecase.- 1a ed.-
Ciudad Autónoma de Buenos Aires : Prometeo Libros, 2020.
186 p. ; 23 x 16 cm.

1. Periodismo. 2. Práctica Profesional. 3. Empresas Periodísticas. I. Sietecase,
Reynaldo, comp.
CDD 070.4

Diseño de tapa: Nina Turdo y Renato Tarditti
Armado: María Victoria Ramírez
Edición y corrección: Luciano Beltrán

© De esta edición, Prometeo Libros, 2020
Pringles 521 (C11183AEJ), Buenos Aires, Argentina
Tel.: (54-11)4862-6794 / Fax: (54-11)4864-3297
editorial@treintadiez.com
www.prometeoeditorial.com

Índice

Prólogo

Se puede hacer bien

No somos fiscales de la Patria, ni héroes civiles, ni vedettes. Somos personas comunes obligadas moralmente a contar lo que pasa, desde nuestra subjetividad y de la manera más precisa y completa posible. Algo más: contar por qué pasan las cosas que pasan para generar pensamiento crítico. Y, en lo posible, contar lo que el poder (político o económico) no quiere que se conozca. Esta última es la mejor definición de periodismo en su variante de investigación. Si hacemos bien nuestro trabajo podemos contribuir a una sociedad mejor.

Escribí estas ideas en el año 2017 como parte de un *Decálogo Ético para Periodistas*. Reconozco que fue un gesto atrevido y pretencioso. Se me ocurrió hacer una suerte de actualización del Decálogo escrito por Tomás Eloy Martínez en 1998. La confrontación explícita entre el kirchnerismo y los grandes medios de comunicación ya había hecho estragos en los productos periodísticos. Desde aquellos días el vale todo se instaló en publicaciones y programas de radio y TV.

En el fragor de la pelea política dejó de ser relevante si lo que se comunica es cierto. Lo que importa es su efecto. Para algunos esa lógica se hizo habitual a la hora de comunicar. Incluso llegó a otorgar buen rating, más venta de ejemplares y réditos económicos. Pero para otros, aceptar esos parámetros –por convicción o dinero– es contradictorio con el ejercicio del periodismo.

Lo sorprendente es que la mala praxis informativa, que para el autor de *Santa Evita* conduciría al inevitable descrédito, en la actualidad no genera grandes cuestionamientos. Es que a la par de los cambios tecnológicos, también las audiencias mutaron. Un sector del público más que informarse, busca confirmar sus prejuicios. De nosotros depende si queremos participar de ese engaño.

Debatir sobre la manera en que desarrollamos nuestro oficio se convirtió, en los últimos años, en una de mis prioridades. Escribí varios artículos sobre el tema y participé de discusiones públicas con varios colegas. "Nadie nos puede obligar a hacer mal nuestro trabajo. Los periodistas tenemos derecho a decir que ́no ́ sí nos plantean tareas que se alejen de la verdad de los hechos. Vendemos nuestra fuerza de trabajo, no nuestra opinión", insistí en cada oportunidad que tuve. Posiblemente cansado de escucharme, mi amigo Raúl Carioli, Director de la editorial *Prometeo*, me desafió a armar un libro sobre Periodismo. Acepté con gusto. Creo que el universo de posibles interesados es enorme y, seguramente, incluirá a estudiantes de comunicación, docentes, periodistas y lectores en general.

Me propuse reunir una decena de textos que propiciaran el debate y la reflexión sobre el periodismo que hacemos. Una suerte de "deber ser" pero con un claro anclaje fáctico. Para esa tarea consideré oportuno convocar a periodistas que admiro y conozco desde hace muchos años, pero también a jóvenes que pudiesen aportar su visión ante los nuevos problemas que enfrentan los que se inician en la actividad.

La idea no solo es cruzar lanzas por la calidad de los contenidos. El sistema de medios tal como lo entendíamos hace veinte años se derrumbó y, como bien explica Martín Becerra, estamos ante una crisis de identidad que abarca a las empresas periodísticas e impacta de lleno en los trabajadores de prensa.

La irrupción de nuevos formatos digitales; la concentración mediática; el predominio de los buscadores de internet; la tiranía del clic a la hora de determinar las prioridades de publicación; la precarización laboral y los despidos masivos; la aparición de periodistas empresarios y los cambios en las audiencias son algunos elementos que configuran un escenario novedoso y hostil que todavía no terminó de consolidarse.

Los desafíos que se presentan son múltiples. ¿Cómo contar una noticia de manera atractiva y que se destaque entre el aluvión de información que se genera en la era digital? ¿Se puede hacer realmente una buena investigación sin importar a quién afecte en un medio comercial? ¿Es posible introducir variantes radicales y creativas en la narración de noticias y crónicas? ¿Cómo lograr que la publicidad privada u oficial no funcione como condicionante? ¿Se puede desafiar a las audiencias en lugar de intentar complacerlas? ¿Cómo evitar que el periodismo político se transforme en un mero relato policial? ¿Puede sobrevivir el periodismo de calidad en el tiempo de los *freelancers*? ¿Cómo buscar caminos nuevos e independientes?

Los autores de estos textos tienen ideas e historias profesionales diferentes. Aportan respuestas y siembran nuevas preguntas. Estoy seguro que sus escritos se convertirán en referencias ineludibles a la hora de repensar el periodismo. Comparten este libro porque coinciden en que es posible hacerlo bien.

Reynaldo Sietecase
Buenos Aires, octubre de 2020

Intervenciones creativas para renovar el periodismo

Cristian Alarcón

El mapa de los medios de comunicación está temblando. La transformación es imparable. La protagonizan los medios alternativos y digitales, espacios donde hoy se expresan otras voces y relatos de las nuevas tramas políticas, sociales y culturales. Quienes hacemos esos medios pensamos al periodismo como un laboratorio de experimentación: solo así nos irá bien frente a este nuevo escenario. Los editores de diarios tienen una angustia permanente porque ya no logran innovar con la noticia porque la noticia circula sin parar. Escasean las primicias. Lo que puede salvar a los grandes medios de esta crisis es fundar criterio, publicar coberturas originales y con pensamiento propio, coberturas que sean producto de una búsqueda intelectual y estética también. Queremos que los grandes medios sobrevivan porque además de un canal son una gran fuente de empleo (en general, las grandes empresas periodísticas nunca pierden, manejan el negocio de las telecomunicaciones). El desafío no es conseguir la información sino saber qué hacer con ella.

La interpretación

La innovación viene después de la calidad, la seriedad, el rigor y el chequeo de datos. La información sigue siendo el insumo fundamental del buen periodismo. Pero en esta fase la interpretación es igualmente importante. La argumentación es la clave del éxito de un medio de comunicación, y gran parte de la audiencia la demanda. Nuestras audiencias, sobre todo las que hacen lecturas críticas de los medios hegemónicos y deconstruyen discursos públicos, tienen una exigencia: buscan herramientas para desenmarañar el mundo complejo en el que vivimos.

Si la ambición es llegar a lectores inteligentes, cultos, modernos, progresistas, a los que les gusta viajar, que conocen de otras culturas porque les interesa la otredad, tenemos que saber que no se conformarán con poco. Son lectores pillos: buscan información, rigor, profundidad y belleza. Buscan textos que les permitan entender el mundo y, a la vez, que les otorguen argumentos para ganar las discusiones con sus amigos. Procuran emocionarse y entretenerse al mismo tiempo que se informan y forman. Usar recursos literarios y artísticos nos permite innovar, complejizar y oxigenar las estéticas periodísticas. La riqueza de esa interpretación va a estar potenciada por el foco y el formato. Producir periodismo de calidad es ser singulares, es tener una voz que se distinga de la voz de los otros medios. La diferencia está en la mirada con la que leemos los fenómenos de la contemporaneidad.

La academia

El proyecto *Anfibia* construye singularidad al sumar a su voz el registro del ensayo. Desde sus orígenes, como revista de la Universidad Nacional de General San Martín (UNSAM) propusimos que los académicos se acercaran a la narrativa a partir de sus análisis. En una primera etapa se formaron parejas entre narradores y analistas: la construcción de textos a cuatro manos fue performática. Los autores iban ocupando diversos roles –dinámicos, cambiantes– que jamás se repetían de una dupla a otra.

El editor intervino siempre como un *controller* de estas performances periodísticas, y el resultado fue un caudal de textos novedosos con una densidad teórica y un vitalismo narrativo que los volvió singulares. El arte de formar parejas entre el conocimiento y la narración al principio costó mucho. Lentamente fuimos rompiendo las barreras entre ambos mundos. Los narradores empezaron a darles novelas a los académicos, libros ejemplares que les permitían decir "esta historia podría tener el tono de este relato literario". Y los académicos empezaron a darles a los narradores listas de autores que los ayudaban a comprender ideas complejas. Así se consolidó la voz propia de Revista *Anfibia*. Una apuesta al periodismo por venir.

El periodismo anfibio acumula información, pero no se conforma con eso. Acude a los textos de los teóricos sociales, se contradice, se enriquece y está siempre dispuesto a aprender. *Anfibia* está en tránsito permanente. Su identidad vive yendo hacia un nuevo lugar aunque no sabe cuál es. Como tampoco sabemos cómo será el futuro. No sabemos cómo será la vida en diez años, y por eso siempre estamos dispuestos a cambiar. Estamos dispuestos a la incertidumbre sin traumas. Lejos de la queja y del sufrimiento contemporáneo y pandémico tenemos el aire necesario para la aventura del periodismo.

La experimentación

Tampoco existe el periodismo de calidad sin la búsqueda de la experimentación y de la influencia pop, que es la cultura más importante de los últimos treinta años. Con esto me refiero a la necesidad de ser abiertos. Los nuevos editores deben pensar no solo en notas de cierta extensión sino en piezas, en textos no lingüísticos que incluyan este tipo de referencias a través de imágenes, por ejemplo, que respondan a esa identidad pop. Se puede hacer un análisis impecable, pero si al compartirlo con la audiencia el mensaje no tiene *punch*, no llamará la atención, no convocará y afrontaremos un serio problema.

Estamos en un momento revolucionario. El consumo de información hoy se realiza principalmente a través de plataformas y redes sociales, competimos con contenidos de todo tipo y tenemos que captar la atención de alguien que *scrollea* la pantalla mientras viaja en colectivo o está sobre la cinta de un gimnasio. O lo estaba antes de las distancias obligatorias que impuso la pandemia. Esas piezas no solo deben informar, tienen que dialogar y generar experiencias emocionales y afectivas que les permitan a las audiencias ejercer sus sensibilidades, construir sus formas de pensar en una participación mucho más lúdica y sin control posible. Y deben ser parte de un intercambio en el que el mensaje se lanza sin posibilidad de controlar su recepción. Los sentidos pueden ser múltiples. Las preguntas y respuestas que se hagan quienes participan de estas nuevas experiencias periodísticas nunca serán las mismas y dependerán de la trayectoria de cada quien.

La belleza

La búsqueda estética del periodismo en Anfibia se traduce en ilustraciones pensadas para cada nota. Partimos de ideas y conceptos que conducen al hallazgo de artistas capaces de concretarlas. Ese proceso creativo también es bello. La belleza no es simplemente conseguir o comprar la mejor imagen –por eso los bancos de imágenes ya pasaron su momento– hoy las fotos están por todos lados.

Anfibia es un medio independiente que invierte desde siempre en imágenes creadas especialmente. Ese proceso también tiene que ver con la singularidad. Muchas veces la belleza que nos toca contar es abyecta, sucia, maloliente, monstruosa y desagradable, según los términos hegemónicos. La belleza, como dice Byung-Chul Han, está en mirar de manera transversal aquello que no quieren mostrarnos. Y el periodismo encuentra su belleza también en aquello que nadie quiere mostrar, que nadie quiere ver, en aquello que ni siquiera imaginábamos.

Los cronistas

Otra tensión de época está dada por las condiciones en las que las nuevas generaciones de periodistas desembarcan en las redacciones. Primero, porque quedan atrapados en los procesos de flexibilización laboral que atraviesan los medios. El sistema económico les pide disposición total, poca estabilidad laboral y desempeño de diversas funciones. Por otro lado, quien quiera ocupar esos lugares no solo debe tener talento para la escritura y la investigación. Para participar de un proyecto periodístico es necesario manejar múltiples lenguajes y desarrollar un punto de vista. A la vieja idea de "la mirada única del autor" hay que sumarle una construcción política que permita tomar decisiones inmediatas, responsables y casi en soledad. En el nuevo escenario las decisiones editoriales ya no pasan por el chequeo de un equipo enorme y jerárquico; se toman en el ejercicio cotidiano del periodismo digital. Poder hacer una lectura política de las situaciones y de los contextos que se narran en los medios demanda un *backup* de conocimiento más complejo, dinámico, sagaz, sensible y flexible, porque los temas que se abordan cambian constantemente.

Un cronista hoy tiene que trabajar con compromiso y voluntad y saber que este es un trabajo que siempre pide más. También debe saber que cuenta con dos capitales. Uno, la trayectoria vital que es su recorrido personal y familiar. Por ejemplo, una experiencia migratoria de sus abuelos es constitutiva de su identidad: todo lo que escuchó en la niñez como relato familiar marca desde dónde voy a hablar, desde dónde voy a escuchar. El habla y la escucha son las dos herramientas básicas del periodismo, pero también son necesarias para hacer un auto reconocimiento y saber desde qué lugar miro y narro el mundo. Tan relevante como la anterior es la trayectoria lectora, que es paralela a cualquier formación académica y contribuye a desarrollar una conciencia de "les otres": ¿Quién es el otro? ¿Cómo padece? ¿Cómo disfruta? ¿Cómo sueña? ¿Cómo se equivoca? El universo es ese Otro a cuyo encuentro se va, pero con el esfuerzo inmenso que lleva a conocerse a sí mismo. De lo contrario no hay modo de superar el prejuicio, se mira con romanticismo la pobreza y con desconfianza el mundo de los ricos.

¿Dónde está el periodismo por venir? En este nuevo mapa mediático y generacional también participan como protagonistas, consumidores y generadores de contenidos los activismos juveniles, como el feminista y el medioambiental. Los medios necesitan establecer diálogos igualitarios con los movimientos sociales. En sociedades como las nuestras, en las que prevalecen las voces conservadoras, con medios masivos dirigidos casi siempre por varones imbuidos de esta lógica patriarcal, es imposible que se produzca una escena de diálogo porque esa supuesta igualdad está predeterminada por el poder. También está condicionada por el alcance de la voz predominante, de quien porta las lógicas y el sentido común que justifica la discriminación, la negación de derechos y el señalamiento de la diferencia.

Esta nueva generación de activistas tiene acceso a la educación y multiplica un discurso disidente que empieza a inundar la vida cultural, periodística, académica y educativa. Ante este fenómeno, los sectores conservadores se empoderan y construyen sus argumentos, incluso con *fake news*. Todo esto produce efectos en la conversación y en el rumor social al que las agendas mediáticas están atentas.

La performance

El periodismo anfibio se piensa a sí mismo como laboratorio de experimentación. Decimos que se desarrolla en el agua, en el aire, en la tierra. Tiene raíces periodísticas, literarias, académicas, políticas, artísticas y filosóficas. Sus textos se expresan en artículos, podcasts, performances y libros. Los contenidos anfibios viven en la pantalla, en el papel, en formatos radiales contemporáneos, en la escena. Pero el corazón es el mismo: la palabra y la narrativa, la densidad y la lectura de la realidad. El periodismo anfibio es un encuentro entre mundos que se combinan para revelarse de manera inédita.

Si tuviera que trazar los cimientos de este proyecto diría que casi instintivamente *Anfibia* encontró su primer eje en una línea que atraviesa al periodismo narrativo latinoamericano. Se apoya en los modernistas por su capacidad de *performatear*, por la búsqueda de una singularidad de época y por la creación y recreación de escenas y personajes más allá de lo real instituido. Me refiero a un gran movimiento literario y cultural protagonizado por algunos revolucionarios como José Martí, Rubén Darío, Manuel Gutiérrez Nájera entre decenas. Ellos generaron el llamado "modernismo literario", clave en la configuración de cualquier proyecto periodístico hoy. Si un periodista no va hasta el siglo XIX, queda atrapado en la lógica anglosajona que impuso la llamada pirámide invertida.

Esta estructura no tiene relación con los modos de contar historias con los que nuestras abuelas y abuelos nos formatearon como narradores. La cultura de esta región nos dice que las matrices de los periodistas locales son creativas pero, en general, están aplacadas por esta creencia hegemónica de atenernos a los datos. Esas crónicas modernistas pusieron en jaque el paradigma de lo real, dieron cuenta de una estilización del sujeto literario con una estrategia narrativa que no es la de la objetividad. Tomamos de esa tradición el deseo experimental, la búsqueda de relatos que cuestionan la relación entre lo real y el arte de narrar.

En el siglo XX, Gabriel García Márquez y muchos escritores de su generación, que oscilaban entre novelas, cuentos y noticias, volvieron a usar la narración para contar el acontecimiento. Hasta que en los años setenta se regresó a la idea de un periodismo objetivo. Vinieron las dictaduras y con ellas volvió la pirámide invertida; los narradores se fueron al exilio o a la cárcel, y se refugiaron en la escritura de ficción. La crónica regresó en los noventa y durante los últimos veinte años tuvo un profundo desarrollo con miras a ser publicada en coberturas especiales o suplementos de los medios gráficos y, claro está, en libros de no ficción.

La verdad

En la era hipermediatizada de la convergencia digital la realidad debe ser contada de manera no convencional ni rutinaria, más allá de los tópicos, declaraciones y fuentes sobrerrepresentadas de la información convencional. En parte, el lenguaje de las artes también se incorpora por el hastío de las nuevas generaciones de cronistas ante los modos tradicionales de hacer periodismo. Escritura y puesta performática conviven en un precipicio porque deconstruyen los géneros canónicos de la novela, el periodismo, la poesía, la entrevista, el teatro, el discurso etnográfico y antropológico. Nos permiten hablar en otra lengua.

Como productores de sentido ya no estamos limitados por la idea de lo testimonial y de la verdad como status quo, como sostén de lo narrado correctamente. El conflicto ya no está entre ficción y no ficción. En realidad, el desafío está en la porosidad de esa frontera simbólica e imaginaria.

Este camino nos lleva a un cuestionamiento incómodo e inquietante: ¿qué pasa con la verdad? En las facultades de comunicación, Rodolfo Walsh sigue siendo el padre de la patria periodística de América Latina. Si a Walsh no lo hubieran desaparecido, si no hubiera sido víctima de una dictadura, ¿estaría investigando como lo hizo con *Operación Masacre*? Creo que sí. Pero también considero que como fue capaz de renovar la literatura y de transformar un texto de no ficción en una gran novela –tres años antes de *A sangre fría* de Truman Capote–, hoy estaría experimentando.

En estos momentos ¿dónde está la verdad? Para quienes no creemos en los dichos judiciales, por ejemplo, la verdad está en la calle. Pero a veces la buscamos en la calle y sentimos que ya ni siquiera está ahí. Cuando Rodolfo Walsh escribe sobre los cuerpos fusilados en el basurero de José León Suárez, sobre su hija en la *Carta a Vicky* o cuando él mismo pone el cuerpo y, aunque sabe que lo van a matar, va a esa esquina de San Telmo para despachar su *Carta de un escritor a la Junta Militar*, dice: "La verdad está en los cuerpos". Así volvemos a poner a prueba la verdad. Una verdad que estará en esos cuerpos para quienes quieran verla y que dirá otra cosa, ojalá algo que nos moleste, nos incomode.

El cronista-investigador produce diversos efectos de sentido: desarma una idea absoluta y falaz de "lo verdadero" y la entrega a la experiencia corpórea, una manera de acercarse y comprender el mundo que está cada vez más alejada de las coberturas de medios masivos y redes sociales. El nuevo periodismo iberoamericano profundizó esta dimensión performativa a través, entre otros, de Hunter Thompson, el padre del periodismo gonzo. La pasión como actitud y principio rector fue el centro de la narración de esa época, en oposición al periodismo de declaraciones.

El cuerpo del cronista es la caja de resonancia que amplifica la denuncia social. Porque el mejor periodismo sigue siendo el que molesta al poder. Los modernistas surgieron en un momento histórico en el que era necesario generar nuevos relatos de la vida cotidiana en los países jóvenes. Muchos grandes medios de comunicación que todavía existen –*La Gaceta* de Tucumán, el diario *La Nación*– nacieron para acompañar proyectos políticos, ideales de Nación. Este oficio surgió para fortalecer un sistema que creció a la par suya: la democracia. Pero hoy nuestras democracias no garantizan el acceso a derechos a la mayoría y nos toca revelarlo.

La noticia

Todo esto sucede, como el periodismo que hacemos, en tiempo real y sin perder de vista a nuestro primer amor, la noticia. Reivindicamos el acontecimiento. La noticia nos prende la mecha, nos enciende la sensibilidad política y social. Cuando el mundo estalla, cuando se insinúa un síntoma nuevo, cuando no entiendo lo que está pasando y lo quiero saber. Esa sensación de que el mundo es un lugar desconocido pero el periodismo puede acompañarte a interpretarlo es lo que nos sostiene. Ese nivel de curiosidad nos anima a seguir.

La noticia inaugura una zona a habitar. Tenemos los datos y tenemos una visión del mundo con que interpretarlos, un marco de pensamiento que hace más fácil cada cobertura. Este es el ejercicio que siempre vamos a tener que hacer. Salvo algún buen hilo de Twitter, ninguna red social reemplaza al viejo periodismo que estamos queriendo renovar. Tomo una expresión de Sara Ahmed. La ensayista habla de "feminismo sensacional", dice que es el que produce emociones e interés. Esa es la clave, eso debe producir un buen texto periodístico. Debe dar contexto, informar, narrar, producir emociones e interés. Seamos felices peleando por la noticia.

Contar lo que el poder quiere ocultar

Hugo Alconada Mon

El mail llegó a las 18.03 del viernes 8 de mayo de 2015. Desde Bruselas, la número dos del Consorcio Internacional de Periodistas de Investigación (ICIJ, en inglés), Marina Walker, me anunció: "Tengo algo con ángulo argentino fuerte. Mucho más que en cualquier otra historia reciente. En unas dos semanas te podré contar".

Mendocina de nacimiento, estudios en Missouri y radicada en Washington, DC, desde hace años, Walker sabe de proyectos ambiciosos. Antes lideró las revelaciones sobre las cuentas del HSBC en Suiza (bautizado *SwissLeaks*) y otro sobre compañías fantasmas en Luxemburgo. Así que ya habíamos trabajado juntos, con Maia Jastreblansky e Iván Ruiz desde la redacción del diario *La Nación*.

¿Por qué convocó Walker al equipo que trabaja para *La Nación*, una y otra vez? Porque ICIJ funciona como una red de periodistas de investigación dispuestos a colaborar entre sí en trabajos de reportería compleja. Y funciona como un club, también, al que solo se entra por invitación de quienes ya lo integran. Pero con una salvedad: pertenecer al club tampoco implica ser convocado para todos sus proyectos. Así, aunque Daniel Santoro, Ernesto Tenembaum y Horacio Verbitsky figuraban en aquel momento como miembros por la Argentina, en ocasión de los *Panamá Papers* solo yo fui convocado al inicio para este proyecto.

El Consorcio comenzó a tomar forma dos décadas antes, cuando un respetado periodista estadounidense, Chuck Lewis, comenzó a convocar a reporteros que actuaban como "lobos esteparios" o "llaneros solitarios", investigando solos en sus lugares. Él detectó que estaban investigando las mismas empresas, los mismos crímenes, las mismas personas, pero nadie compartía nada con sus colegas. "Así nos perdíamos el 80 por ciento de la historia por mirar el tema desde las perspectivas nacionales", rememoró Walker en una entrevista que mantuvimos en junio de 2018. "Nos reunió a todos, en una época en la que casi no existía el mail, 1997. Los "llaneros solitarios" bajaron a las universidades, empezaron a compartir ideas, documentos, información..."

Volvamos a 2015. Diez días después de aquel primer mail, Walker me contactó otra vez. Comenzaban a tomar forma los *Panamá Papers*, fruto del material disponible sobre Mossack Fonseca, una de las empresas más grandes del mundo dedicadas a montar sociedades *offshore* en paraísos fiscales. Convocaba a una primera reunión en Washington, donde ICIJ mantiene sus oficinas centrales. Y se acordó invitar a un colega de otro medio de comunicación argentino que complementara desde lo audiovisual la potencia gráfica del diario, por lo que se tomó la decisión de invitar a Mariel Fitz Patrick, que entonces trabajaba para Canal Trece.

Ese encuentro en Washington se desarrolló el 30 de junio y el 1° de julio. Viajó Fitz Patrick y, dado que sería una reunión más técnica, desde *La Nación* fue Ricardo Brom, miembro decisivo de LN Data, para que colaborara con el procesamiento del material. Ya contábamos con 1,5 terabytes de información y se estimaba que llegaría a los 2,4 TB. Pero fue mucho más: 11,5 millones de documentos sobre operatorias *offshore* y paraísos fiscales. El equivalente a 46 veces el material que manejamos en *Wikileaks*. Una enormidad.

"La gente se preguntará si acaso los 376 periodistas vieron uno por uno los millones de documentos. Pues no", explicaría Walker en la entrevista posterior que mantuvimos. "Los *Panamá Papers* fueron un poco el triunfo de la tecnología al servicio del periodismo; nos apropiamos de tecnologías abiertas (no teníamos el dinero para utilizar, por ejemplo, las tecnologías que tienen los bancos), adaptadas a nuestras necesidades y armar, básicamente, buscadores al estilo Google para que cada periodista pudiera poner el nombre de los empresarios, funcionarios, familiares de políticos, criminales, testaferros, etcétera, para encontrar en esa maraña el documento que revelaba la coima, el encubrimiento, el ocultamiento".

Acceder a los datos conllevó, también, aceptar las condiciones impuestas por ICIJ. Entre otras, sus pautas de seguridad en las comunicaciones, la premisa de compartir los hallazgos en una suerte de "Facebook" encriptado y el mandato de respetar la fecha de publicación global que todavía debía acordarse entre todos los periodistas convocados. Y un rasgo adicional: solo ICIJ y el diario alemán decidirían si los 11,5 millones de documentos se subirían a Internet o no. Y no, decidieron no subirlos. ¿Por qué? Porque hay infinidad de material que, todavía hoy, más de cinco años después, sigue pendiente de procesar. ¿Por qué? Porque hay documentos que en sí mismos no dicen nada, pero pueden resultar como piezas de un rompecabezas complejo que abarcan capítulos en distintos paraísos fiscales y transferencias bancarias alrededor del mundo.

–¿Qué teníamos que hacer en ese portal "encriptado" de información?–, le pregunté a Walker en aquella entrevista de 2018.

–Compartir. El fundamento del consorcio es compartir, y en tiempo real si fuera necesario. Cuando se encuentra a [Lionel] Messi, en ese mismo momento se comparte ese hallazgo de manera inmediata. No esperamos a que en tres meses lo encuentren los españoles, es decir, para poder empezar la investigación. Había una causa judicial en Madrid, y entonces inmediatamente los colegas comparten esa información, los documentos judiciales, que le dan contexto sobre esta figura internacional... Muchas veces los periodistas tenemos el gran desafío de obtener documentos; en este caso, ya los teníamos, el problema principal era cómo organizar la información, y este es el problema que vamos a tener desde ahora para siempre. Estas filtraciones masivas ya se han transformado en moneda corriente. Debemos estar preparados para recibirlas de manera segura, proteger a las fuentes. Tardamos un año en investigar los *Panamá Papers*; tal vez, con más información y mejor protegidos, con mejores técnicas, podríamos tardar tres meses.

Eso, si acaso utilizamos –algo que no hicimos con los *Panamá Papers*– técnicas de inteligencia artificial. Es decir, enseñarle a la computadora a que detecte patrones de lavado.

Y a todo esto, ¿cuál fue la primera fecha tentativa de publicación? El 15 de noviembre, pero con la posibilidad –que alentábamos los argentinos– de empezar antes, en octubre. Es decir, para estar en condiciones de publicar en la recta final de la campaña presidencial en nuestro país. Pero esa ilusión pronto se desvanecería.

Con el análisis del material aún en pañales, se convocó a un segundo cónclave de los periodistas participantes. Esta vez fue en Munich, el 8 y 9 de septiembre, en la redacción del diario *Süddeutsche Zeitung*. Viajamos Fitz Patrick y yo, junto con colegas de *The Guardian*, *Le Monde*, *L'Espresso*, *BBC* y decenas de medios más de todo el planeta.

¿Por qué en Munich? Porque todo comenzó allí. Dos colegas del *Zeitung*, Bastian Obermayer y Frederik Obermaier, accedieron a la información interna de Mossack Fonseca. Pero en vez de analizar y publicar solos ese verdadero tesoro –lo que en la práctica les hubiera resultado imposible–, los alemanes contactaron al Consorcio para desarrollar un proyecto colaborativo global.

En ese encuentro, el *Zeitung* informó sus hallazgos iniciales. ¿Uno de los primeros rostros que mostraron? El de la entonces presidenta Cristina Fernández de Kirchner. ¿Por qué? Porque habían encontrado documentos sobre las 123 sociedades en Nevada que la Justicia estadounidense investigaba si pertenecían a Lázaro Báez, como así también habían detectado movimientos de dinero de la sociedad Val de Loire, vinculada a un socio de Cristóbal López. ¿Qué pasó entonces? Que pedí que nos moviéramos con cautela porque no estaba probado que esas sociedades pertenecieran a Báez y que Val de Loire parecía pertenecer a Federico De Achával, socio de Cristóbal López, pero no al "zar del juego".

Durante ese cónclave en Munich, además, me tocó ser el "miembro informante" sobre los hallazgos iniciales sobre la Argentina. Algunos se publicaron cuando comenzó la difusión del material; otros no. ¿Por qué? Porque los descartamos por tratarse de "falsos positivos". Es decir, que se trataban de homónimos u otras variantes.

En Munich, por último, se definió postergar la difusión hasta el 7 de marzo. ¿Por qué? Porque la fuente del diario alemán seguía aportando material, muchísimo material. Y fue entonces que se definió que, si no podíamos publicar en noviembre, en diciembre no recibiría la atención suficiente por la dispersión típica de las fiestas de fin de año, ni durante enero, vacaciones en el hemisferio sur.

Equipo en marcha

Para entonces, el equipo dentro del diario abocado a los *Panamá Papers* ya incluía a Brom, Jastreblansky y Ruiz –quienes resultaron decisivos–, con el soporte de Romina Colman y "Momi" Peralta Ramos por LN Data, mientras repartíamos tareas con Fitz Patrick.

El material llegaba por oleadas. Así, datos y pistas que no aparecieron en las primeras búsquedas surgieron después, forzándonos a cruzar la información, una y otra vez, con nuestra base de datos –que incluye un listado de 25000 nombres de personas, empresas, sociedades comerciales y fundaciones, entre otras–, en un proceso hastiante y agotador.

¿Por qué llegaba en oleadas? Porque la fuente anónima del diario alemán, a la que se identificó de manera genérica como "John Doe", enviaba información cruda –mails, contratos, recibos, certificados y más– de Mossack Fonseca, el entramado *offshore* y los paraísos fiscales. Y luego los técnicos de ICIJ –junto a Brom desde Buenos Aires– debían procesarla, incorporarla a la base de datos encriptada y abrirla para la búsqueda de los periodistas.

¿Un ejemplo de esos hallazgos posteriores? Mauricio Macri. Su nombre recién saltó durante una de esas periódicas "peinadas" de rutina. Lo encontró Iván Ruiz, quien de inmediato avisó al resto del equipo y a ICIJ. ¿Cuándo? El martes 8 de diciembre de 2015. Feriado. Es decir, cuando faltaban dos días para que asumiera como presidente.

Pero las oleadas de nuevo material que aportaba la fuente siguieron sucediéndose, obligando a nuevas búsquedas, por lo que la fecha de publicación planetaria se postergó otra vez. Pasó del 7 de marzo de 2016 al domingo 3 de abril. Ese día, sí, los 376 periodistas de 109 medios de comunicación comenzamos a difundir el material. Once meses después del primer mail de Walker.

Aquel fue un domingo tormentoso. Entre otros motivos, porque los periodistas que desarrollamos la investigación causamos un verdadero tsunami global de información que dominó las portadas de todos los medios del mundo, como así también de las redes sociales.

Fake News

El tsunami informativo se combinó también, sin embargo, con los intentos de las personas investigadas o sus allegados por explicar, relativizar, justificar, rebatir o hasta negar su presencia en los *Panamá Papers*. Y esos intentos, a su vez, se mezclaron con todo tipo de "fake news", operaciones de prensa y tergiversaciones políticas destinadas a favorecer a propios y perjudicar a rivales. Y todo esto —en el caso de *La Nación*—, mientras nuestro secretario general de Redacción, Carlos Guyot, recibía la noticia de la muerte de su padre.

¿Con qué tipo de informaciones falsas debimos lidiar? Una y otra vez nos acusaron, por ejemplo, de callar sobre los *Panamá Papers* mientras se desarrollaba la campaña presidencial de 2015 para de ese modo favorecer a Mauricio Macri. Una mentira que llegó a replicar por Twitter la ex presidenta Cristina Fernández de Kirchner.

Los propagadores de esa mentira también afirmaron que en los *Panamá Papers* aparecían el ex presidente del Banco Central y luego ministro de Finanzas, Alfonso Prat Gay, y el director de cine, Juan José Campanella. Ambas versiones, también resultaron falsas, como también lo fue la afirmación de un conductor de televisión que ese mismo domingo, frente a las cámaras, afirmó que tenían acceso al material de ICIJ. Falso, no accedió en ese momento, ni nunca después.

Lo notable es que quienes difundieron esas mentiras por televisión, por radio y por redes sociales ya tenían antecedentes cuestionables. Son los mismos que, por ejemplo, la noche electoral de 2015 afirmaron que el candidato Daniel Scioli había triunfado "por amplia mayoría" y que, por lo tanto, era el nuevo presidente de la Argentina. Pero muchos les creyeron. Acaso porque les resultó tranquilizador fantasear que su candidato no debió perder, sino que el otro ganó trampeando.

Lo cierto es que a Macri lo encontramos, reitero, el 8 de diciembre de 2015, cuando restaban dos días para que ingresara a la Casa Rosada. Y a eso se suma que aun cuando hubiera aparecido durante la campaña –lo que no ocurrió–, tampoco lo hubiéramos podido publicar debido al "embargo periodístico". Y todo periodista sabe (o debería saber) qué es y cómo funciona esa práctica, y la respeta con el mismo celo que un *off the record*.

¿Qué es un "embargo periodístico"? Es la fijación de una fecha posterior de publicación para un material que reciben los periodistas con antelación para su mejor análisis. Traducido al español y con un ejemplo concreto: cuando el Banco Mundial completa cada año su informe anual de 1400 páginas sobre el estado de la economía global, entrega ese material a los periodistas especializados para que durante el mes que precede a su difusión oficial puedan leerlo con tranquilidad, ahondar en lo que deseen, preparar sus artículos periodísticos y acudir a la conferencia de prensa de las autoridades del Banco con preguntas más precisas. A cambio, deben respetar el "embargo periodístico" que les impone que solo podrán publicar sus artículos sobre el informe una vez concluida esa conferencia de prensa.

En el caso de los *Panamá Papers*, el embargo no lo impuso un ente externo, como el Banco Mundial (o para el caso, la Organización Mundial de la Salud, las Naciones Unidas, Greenpeace o el Ministerio de Economía argentino, entre tantas otras entidades y organismos que lo utilizan con asiduidad), sino que resultó de un acuerdo entre los propios periodistas de todo el mundo que participamos del proyecto. De ese modo evitamos las filtraciones o su difusión anárquica, y redujimos los riesgos que afrontaban nuestros colegas en algunas de las zonas más calientes del mundo.

¿Por qué? Porque fijar una fecha tentativa de publicación conjunta –primero, el 15 de noviembre de 2015; luego, el 7 de marzo de

2016; por último, el domingo 3 de abril– nos permitió prepararnos mejor, coordinar esfuerzos y darles tiempo a nuestros colegas de Eurasia y Medio Oriente, a salir de sus países si lo consideraban necesario e instalarse en Londres o Madrid para de ese modo reducir así los riesgos de posibles represalias. Algunos de ellos, aun así, las padecieron.

Walker lo explicó mejor durante nuestra conversación: "La presión más frecuente era el acoso judicial. Había firmas de abogados que nos enviaban pasos a seguir para destruir la información. Y querían que les enviáramos evidencias de que habíamos destruido la información. Había presiones advirtiéndonos que iban a ir a sistemas legales muy duros, como el del Reino Unido, donde podés frenar la publicación con una *injuction*. Y después había amenazas a periodistas en lugares difíciles, como Níger o Rusia".

–¿Algún periodista que fue parte de los *Panamá Papers* no respetó el embargo periodístico?–, le consulté.

–No. En el Consorcio hay una especie de lealtad entre periodistas que saben que no quieren ser quienes arruinen la investigación que están haciendo los otros 375; no quieren arruinar una fuente y quedar por fuera en el próximo proyecto [al que convoque ICIJ]. Saben que deben cuidar esa lealtad como la confidencialidad. Yo no le hablo ni a mi marido de esto. Esto fue también sorprendente, ninguno de los 375 dejó de guardar el secreto en más de un año.

Derecho a réplica

En la misma senda de confusión o tergiversación interesada sobre la fecha del hallazgo de Mauricio Macri en los documentos que integran los *Panamá Papers* o sobre el llamado "embargo periodístico", afrontamos reproches similares con la decisión de consultarle al ya presidente electo antes de la publicación del material. Algunos llegaron a afirmar que le "avisamos" para que, de ese modo, ocultara sus rastros.

En realidad, llamar a las personas que protagonizan un artículo periodístico antes de publicarlo es un mandato ético que se respeta en todo el mundo pero que solo siguen contados medios de comunicación en la Argentina. En la sala de la vieja redacción de La Nación, donde cada día se definía la tapa del diario, había un cartel que nos recordaba a todos: "Siempre que vayamos a publicar algo sobre alguien, HAY QUE LLAMARLO ANTES DE PUBLICAR". Así, en mayúsculas.

Lo notable, además, es que varios de los operadores que nos acusaron de "avisarle" a Macri trabajaban para un multimedio cuyos dueños conocían bien esa práctica, conocida como "derecho a réplica". Porque siempre los llamamos, con días o incluso semanas de antelación, antes de publicar cualquier texto sobre ellos.

–¿En qué consiste el derecho a réplica?–, le pregunté a Walker.

–Es una de las partes más importantes del proceso investigativo. Uno, que ha pasado meses investigando a esa persona, va a buscarla para darle la oportunidad de hacer un comentario o de explicarse a sí misma. Imagínense que teníamos un año de escudriñar las cuentas y la vida privadas de una persona pública y yo no la puedo sorprender el mismo día en el que publico la información. Queremos hacer un periodismo que sea equilibrado y justo. No creo que ya casi nadie diga "periodismo objetivo", pero queremos un periodismo equilibrado y justo, y para eso hay que juntarse con la persona y darle la oportunidad de descarga. Nosotros les damos hasta seis semanas a algunas personas, porque los temas son tan complejos...

–Y también le das la oportunidad –le repliqué– de que exponga lo que quiera exponer, aunque también está la posibilidad de que te corte el teléfono y se terminó. O que te pueda decir: "Sí, venga que le quiero explicar". Ese es un eje, y luego está el eje de la confidencialidad, que puede parecer todo lo contrario, porque corrés el riesgo de que, por llamar a la persona que estás investigando, pierdas una primicia o de caer en una filtración. ¿cómo lidian con sistemas tan contrapuestos?

–Lo estamos ajustando; tuvimos esas seis semanas de tiempo, pero hubo poca filtración –aclaró Walker–. Sí hubo mucha presión judicial. En cambio, con los *Paradise Papers*, que fue la secuela, ya sabían y habían entendido el modelo. Sabían que se venía la publicación simultánea masiva; entonces, empezaron a contratar empresas de relaciones públicas e iban a medios de comunicación amigos para filtrar parte de la información con "la vuelta" que la persona afectada quería darle.

–Y aun así la decisión del Consorcio fue mantenernos en nuestra línea, mantener la fecha indicada de publicación. Estas son las consecuencias; si alguno quiere operar, que opere...

–Exacto. Tenemos pocas reglas, pero esa es casi inquebrantable. Tiene que ser una situación de vida o muerte para que rompamos esa regla, porque en el minuto en que la rompemos o hacemos una excepción para que no nos roben la primicia abrimos una gran compuerta. Además, podemos poner en riesgo a periodistas o fuentes.

Auditoría posterior

Como parte de su protocolo habitual en sus proyectos de reportería colaborativa, el Consorcio también impone que en cada país donde trabaja uno de sus periodistas o un equipo de investigación, luego se convoque a un segundo reportero o equipo para que complemente la primera investigación local. ¿Por qué? ¿Para qué?

Primero, porque es una forma de garantizarse que nada sensible o grave o de interés público haya sido ocultado por el primer periodista o el equipo de reporteros.

Segundo, porque esa práctica también lleva tranquilidad a los ciudadanos de ese país, que pueden dudar de las intenciones o de la agenda editorial del primer medio de comunicación que participó en el proyecto.

Tercero, porque aun cuando el primer periodista o equipo de investigación local actúe con las mejores intenciones, ciertos nombres o datos pueden escurrirse entre los millones de documentos. Y, como dice el refrán, cuatro ojos miran más que dos.

Cuarto, porque esa es una práctica habitual en las investigaciones colaborativas complejas. Así ocurrió antes con la difusión de los *Wikileaks* que comandó Julian Assange y así ocurrió después, con el proyecto ulterior del ICIJ conocido como *Paradise Papers*.

¿Qué implicó en la práctica?

Que el equipo de *La Nación* tuvo el primer acceso completo a los *Panamá Papers* y eso nos permitió publicar decenas de primicias periodísticas. Y luego, en una segunda etapa, se sumó un equipo de *Página/12*, integrado por Santiago O'Donnell y Tomás Lukin.

¿Cuál fue el beneficio para O'Donnell y Lukin de acceder al material meses después que *La Nación*?

Entre otros, que nosotros ya habíamos depurado un elevado porcentaje del material "crudo", descartado miles de nombres de personas físicas, sociedades y empresas –conocidos en la jerga como "falsos positivos"–, y detectado y alertado sobre hallazgos, rastros y pistas posibles. Se ahorraron, así, meses de búsqueda infructuosa y pudieron enfocarse en los datos que ellos mismos encontraron o que ya estaban subidos a esa suerte de "Facebook" encriptado global.

Así fue como los colegas de *Página/12* tuvieron acceso a todo el material, actuaron como "auditores externos" de nuestro trabajo, profundizaron en las líneas de investigación que consideraron más atractivas y hasta publicaron un libro: "ArgenPapers. *Los secretos de la Argentina offshore en los Panamá Papers*".

Nada, en rigor, que sorprenda a quienes trabajan en los medios profesionales de comunicación y, mucho menos, a quienes se abocan al periodismo de investigación. Entre otros motivos, porque lo mismo ocurrió, aunque a la inversa, con la investigación global conocida como *Wikileaks*. En aquella ocasión, O'Donnell accedió primero a la investigación y a mí me tocó asumir el rol complementario. Aunque en ese caso, también, la redacción posterior del libro también quedó en sus manos: "Argenleaks. *Los cables de Wikileaks sobre la Argentina, de la A a la Z*".

Impacto mediático político y judicial

¿Qué pasó luego? ¿Cuál fue el impacto de *Panamá Papers*?

La difusión registró todo tipo de derivaciones. Para empezar, porque algunos de los acusados evaluaron pedirle a la justicia de Panamá la captura internacional de decenas de periodistas que participaron en la difusión del material. Pero también porque La Nación se convirtió en el primer medio en la historia del periodismo argentino que reveló datos sobre la operatoria offshore de sus propios accionistas. "La Nación a sus lectores", se tituló el texto que se publicó el 10 de abril de 2016.

Transcurrido un año desde la difusión inicial, en tanto, todas las investigaciones judiciales que se abrieron en la Argentina compartían un deprimente rasgo en común: sus avances eran escasos. Algunas pesquisas, incluso, ya estaban heridas de muerte.

Los nombres abarcaron todo el espectro. Desde el entonces presidente Macri hasta un ex secretario privado de Néstor Kirchner –Daniel Muñoz–, un socio de Cristóbal López y el intendente de Lanús por el PRO, Néstor Grindetti. Pero poco ocurrió en los tribunales, a diferencia de lo que sucedió en otras partes del planeta, donde se registraron renuncias, arrestos, investigaciones judiciales y parlamentarias, y reformas legislativas.

Para empezar, el expediente judicial que se abrió por la operatoria *offshore* de los Macri sufrió un fuerte revés a fines de marzo de 2017, cuando la Cámara Federal criticó en duros términos la investigación que encararon el juez federal Sebastián Casanello y el fiscal Federico Delgado, quienes requirieron información a Brasil, Panamá y Bahamas para determinar si hubo maniobras de lavado o evasión.

Los camaristas cuestionaron la falta de "avances cualitativos" y dijeron que se había "diversificado la pesquisa". El juez y el fiscal buscaban precisar si la operatoria estaba prescripta o si debían enviar la causa al fuero Penal Económico. Para Delgado, el fallo de la Cámara implicó "acotar mucho la investigación" sobre los Macri. "Juntamos muchos datos –se lamentó–, pero es posible que nunca sepamos qué pasó".

No fue así, al menos en parte, porque en junio de 2018, junto a Ruiz y Jastreblansky, revelamos que Gianfranco Macri blanqueó más de $ 63 millones y la titularidad de la sociedad *offshore* BF Corporation ante la Administración Federal de Ingresos Públicos (AFIP), ocho meses después –y como consecuencia directa– de la filtración de los *Panamá Papers*.

La filtración también expuso que un socio de Cristóbal López, Federico de Achával, le prestó US$ 70 millones a la *offshore* de Nevada, Val de Loire, que terminaron en cuentas de Suiza y Alemania. Los documentos de Mossack Fonseca señalaban a De Achával como el beneficiario final de Val de Loire, por lo que la firma sería solo una pantalla. Pero el empresario, todavía hoy, niega ser el dueño de la *offshore* y afirma que pertenece a un accionista de Hipódromos de Palermo, con quien hizo operaciones legales.

La pesquisa sobre Grindetti, en tanto, tampoco mostró resultados sustanciales, aunque los documentos de Mossack Fonseca mostraban que manejó una sociedad en Panamá y una cuenta bancaria en Suiza mientras ejercía como secretario de Hacienda porteño. El actual intendente de Lanús protagonizó diversas operaciones *offshore* entre julio de 2010 y julio de 2013 con la firma Mercier International, sociedad que le otorgó un poder para abrir, manejar y firmar una cuenta en el banco Clariden Leu AG, con sede en Zurich. Después de atravesar cortocircuitos por la competencia judicial, la causa quedó a cargo del juez Diego Slupski, quien libró dos exhortos a Panamá y a Suiza.

Por su parte, "el Bernie Madoff" argentino, el financista Enrique Blaksley Señorans, afronta una causa por lavado que instruyó la jueza federal María Romilda Servini de Cubría y se encuentra en la instancia de juicio oral mientras se imprime este libro (Septiembre 2020). Y otros casos también mostraron avances, pero parciales o acotados. Así, por ejemplo, en la causa ESMA, la Justicia requirió datos sobre uno de los operadores del dinero negro de los represores, Miguel Ángel Egea. También se siguen pistas sobre sospechosos en las causas AMIA y por la desaparición de Julio López.

Distinto fue el caso de la pesquisa contra el ex secretario presidencial y hombre de extrema confianza de Kirchner, Daniel Muñoz, quien operó con una *offshore* en las Islas Vírgenes. Con su esposa, fue accionista de Gold Black Limited, creada para comprar propiedades en los Estados Unidos. Como director de la firma figuró Sergio Todisco, un marplatense con inmuebles por US$ 65 millones en Miami.

La investigación judicial sobre los Muñoz quedó en manos del juez federal Luis Rodríguez, quien quedaría contra las cuerdas con el estallido de otro escándalo conocido como "los Cuadernos de la Corrupción", expediente en el que la viuda de Muñoz, Carolina Pochetti, se acogió al régimen del arrepentido y afirmó que le habían pedido millones de dólares para sobornar al magistrado y, de ese modo, evitar que investigara.

Tiempo después también se sabría que, poco antes de morir, Muñoz les confió a sus íntimos que había cometido un gravísimo error. Les contó que había recurrido a sociedades offshore y había comprado propiedades en el extranjero, pero las había puesto a su nombre, por lo que todo saldría a la luz, según surge de las confesiones de otros acusados que se convirtieron en arrepentidos en la causa por los Cuadernos.

El escándalo de los *Panamá Papers* también generó otras reacciones. La ex presidenta Cristina Fernández de Kirchner le preguntó a su círculo íntimo cuánto de esas revelaciones era cierto y la ayudó a comprender, según ella misma refirió, algunas conductas que hasta entonces no tenían explicación. Por ejemplo, le preguntó a su contador Víctor Manzanares qué sabía sobre los negocios *offshore* de Muñoz. La respuesta que recibió la llevó, a su vez, a lanzar un comentario. "Con razón tardó tanto tiempo en devolverme las llaves del departamento de la calle Uruguay", según la versión que Manzanares les dio a los fiscales, ya como "arrepentido". Es decir, el piso de Recoleta de los Kirchner que, según confesiones coincidentes volcadas en la causa de los "Cuadernos", se utilizó como bóveda para ocultar los bolsos repletos de dinero.

Ante el fiscal Stornelli, Manzanares también aludió a los esfuerzos de Muñoz por acotar el impacto de las revelaciones de los *Panamá Papers*, para lo cual requirió su ayuda y le comunicó que otro secretario privado de los Kirchner, Isidro Bounine, le daría una mano. Manzanares relató, además, que Bounine se encargaría de contratar a alguien con vínculos en los medios de comunicación y que Muñoz ordenó desembolsar US$100.000 para que las revelaciones sobre él pasaran desapercibidas, en especial, en *Clarín* y *La Nación*.

Para entonces, sin embargo, este último ya llevaba publicados más de sesenta artículos y columnas sobre él y su fortuna oculta, y siguió la ruta del dinero sucio hasta, incluso, dos departamentos en el legendario Plaza Hotel, frente al Central Park de Nueva York.

Pero, a todo esto, ¿el impacto de los *Panamá Papers* fue el que esperábamos el domingo 3 de abril de 2016, cuando faltaban minutos para subir a Internet los hallazgos? Tomo como propio el comentario de los periodistas alemanes que encabezaron la investigación, Frederik Obermaier y Bastian Obermayer: "Seamos sinceros: jamás tuvimos la esperanza de que tras la publicación sucediese gran cosa. Sí que confiábamos en despertar el interés de nuestros lectores y preveíamos que los políticos de todo el mundo harían declaraciones pomposas para reclamar soluciones. Pero, ¿qué se produjesen cambios reales, que se diesen pasos serios en la lucha contra el mundo de las *offshores*? Eso no", remarcaron en su libro, "*Panamá Papers. El club mundial de los evasores de impuestos*".

Nuestro objetivo tampoco fue ese. O no solo ese. Fue informar de la manera más amplia y rigurosa sobre la profundidad y alcance de la operatoria *offshore*. Nos tocó lidiar con mucho más. Dar información que afectaba a dos de las figuras más importantes de la política nacional, a poderosos empresarios que integran el "círculo rojo" y hasta a accionistas del medio para el que trabajamos. Esa es —o intenta ser— la misión del periodismo de investigación: publicar lo que alguien, en general poderoso, no quiere que se conozca. El compromiso es con los lectores.

La maldición del periodismo frilo

Noelia Barral Grigera

Mario Pergolini los llama *freelos*. "Una persona que podría haber tenido dos, tres trabajos, cortos, *freelos*, sencillos, con nuevas metodologías de trabajo, los llevamos a como teníamos las metodologías de trabajo en los sesenta, en los setenta", dice con ese vozarrón áspero que hace que de repente toda la década del noventa se te caiga encima. Mario Pergolini pronuncia "frilos", súper canchero. Es agosto de 2020. El Congreso acaba de aprobar una ley que establece los derechos que van a tener los trabajadores que después de la pandemia de coronavirus trabajen desde sus casas.

El trabajo *freelance* es una realidad que gobierna el mercado periodístico desde hace muchos años. En 2019, cuando la pandemia de Covid-19 ni siquiera era una posibilidad, la modalidad del "frilo" ya estaba absolutamente extendida entre los y las periodistas de la Argentina. Con o sin virus, con o sin ley, la mayoría de los trabajadores de los medios laburaba *freelance* para una, dos y hasta tres empresas periodísticas distintas. Pero todo lo *cool*, liberal y descontracturado que va implícito en la forma de llamar a esa modalidad de trabajo (frilo, *freelance*, independiente o incluso autónomo, un término que cuenta con la legitimidad del propio Estado) esconde detrás de una careta de modernidad relaciones laborales más propias del siglo XIX que del XXI. Ya nos lo avisaba hace algunas décadas el propio Mario: la imagen no es nada.

No hay libertad, ni free ni lance en el trabajo que no es bajo relación de dependencia. O al menos no hay la libertad laboral idealizada que el mercado vende, con horarios manejables y propios, con un escritorio soleado y cómodo, con silencio y tiempo, y sin jefes o editores molestos. La realidad es exactamente al revés: no tenés horarios manejables, no le da el sol a tu escritorio, y los editores se alternan para preguntarte cada doce horas si ya avanzaste con esa nota que te van a pagar una miseria y que te está costando terminar porque se te corta internet o porque estás haciendo varias notas a la vez.

Tal vez el dinero sea la única cosa que un trabajador independiente necesita más que la independencia de su trabajo independiente. A esta altura seguramente ya lo adivinaron, pero escribo este texto con conocimiento de causa. Ser autónomo o *freelance* en la Argentina significa escribir entre 15000 y 30000 caracteres –una extensión que implica días, tal vez un par de semanas de trabajo, producción, llamados telefónicos, investigación de archivo y tiempo, mucho tiempo– por $ 6000. Sesenta dólares. Medio changuito del súper. Y estoy tomando el mejor valor de referencia que encontré. La mayoría de los medios paga menos. Mucho menos.

En 2019, el Sindicato de Prensa de Buenos Aires (Sipreba) hizo una encuesta entre 300 periodistas *freelance*: el 94% cobra por debajo de la línea de pobreza. Eso significa que lo que ganaron haciendo frilos no les alcanzaba para pagar lo necesario para sostener una casa un mes: comida, alquiler, servicios, ropa. Por eso no sorprende que más de la mitad, el 58%, se haya tenido que dedicar a otro rubro laboral, además del periodístico, para poder completar sus ingresos.

Y es que el 62% de los y las periodistas *freelance* que respondieron la encuesta de Sipreba facturaba menos de $10000 mensuales. Es decir, menos de cien dólares al mes. No parece ser una modalidad de trabajo apetecible, ¿verdad? El resto de los datos que recogió el sindicato no hace más que ensombrecer el panorama.

Como la Ley todavía no existía al momento de la encuesta, prácticamente ninguno de los profesionales encuestados recibía ningún elemento de trabajo de parte de las empresas que los contrataron. Solo el pago. Inclusive cuando algunos de esos elementos son carísimos e indispensables para la tarea profesional, como las cámaras de fotos en el caso de los fotógrafos y fotorreporteros. El 90% de ellos le contó al sindicato que cuando son contratados por algún medio para una cobertura usan equipos propios. ¿Y si se daña una lente sacando fotos en una manifestación o (como le pasó a Juan Pablo Barrientos de la *Revista Cítrica*) la Policía reprime y te rompe la cámara? Todo el riesgo es del fotógrafo. El físico y el económico.

El estado calamitoso de las condiciones laborales tampoco esquiva a los "privilegiados" que tienen una relación de dependencia. En 2019, el año de la inflación más alta en casi tres décadas, con un aumento de los precios del 54%, los trabajadores formales de prensa escrita y radial recibieron una recomposición salarial del 15%. O sea, no solo no ganaron sino que perdieron poder adquisitivo. Y mucho. Pero nada comparado con 2020, año en el que directamente ni siquiera hubo paritaria.

Está claro que, cuando con un trabajo no te alcanza, buscás más para llegar a fin de mes. Entonces, el 40% de los periodistas que tiene un trabajo formal trabaja además para otro (u otros) medios. Entre los no formalizados, ese índice se duplica. El 80% de los periodistas *freelance* trabaja para entre uno y tres medios y el 11% lo hace para entre cuatro y cinco. Así escrito en una oración es un dato que puede pasar como uno más entre varios indicadores muy pesimistas, pero esos números explican, en gran parte, el deterioro sensible de la calidad de la información periodística que recibimos todos los días.

Con trabajadores y trabajadoras que deben multiplicar por dos, tres, cuatro y hasta cinco a los empleadores a los que responden, muchas veces teniendo para ello que diversificar los temas que cubren, aparece un primer y grave problema en el sistema de producción de noticias: los cronistas y reporteros mal pagos, primer eslabón de la cadena productora de información, deben desdoblar su tiempo y su atención en varios trabajos distintos a la vez para poder cubrir los gastos mínimos del mes. Así se resiente necesariamente su producción profesional y también su vida social y/o familiar, porque el pluriempleo no solo te quita tiempo para buscar la excelencia sino también para el disfrute y el ocio.

Ramón Salaverría Aliaga es un investigador español que analiza con mucha claridad el proceso de convergencia en los medios de comunicación y que en base a ese estudio de lo que está pasando en los últimos años en las redacciones llega a una conclusión que comparto. Dice que, gracias a las nuevas tecnologías de información, estamos atravesando las mejores condiciones de la historia de la humanidad para hacer periodismo. Pero sin financiamiento. La coyuntura tecnológica es inmejorable, pero no tenemos plata para aprovecharla. Cuánta frustración.

Tenemos a nuestra disposición todo tipo de recursos impensados hace un par de décadas atrás para rastrear datos, números, personas, archivos en nuestro país y en otros. Es más fácil que nunca tener contacto con casi cualquier persona en cualquier parte del mundo, pero la crisis de financiamiento por la que atraviesa el periodismo (sumada a otros fenómenos contemporáneos como la posverdad y las *fake news*) hace muy difícil poder convertir esta coyuntura tecnológica en información de calidad.

Esto, por supuesto, no afecta solo a los *freelancers*. Todos los periodistas convivimos en el mismo mundo profesional desfinanciado y sobreexplotado (excepto los escasos nombres de las élites, que son siempre las mismas). Ni los diarios, ni los canales, ni las radios invierten lo que deberían invertir en generar cantidades masivas de información de calidad, en gran parte porque internet asesinó el modelo de negocios de los medios de comunicación: ya nadie paga por leer las noticias. Entonces, dicen las empresas, tampoco se puede invertir dinero para generarlas. Viajar para hacer una cobertura o buscar información o encontrarse con fuentes se convirtió en una excepción. Tener tiempo para producir una nota, también. ¿Cuándo fue la última vez que viste en la tele o que leíste en un diario una investigación que haya llevado meses o años?

Los portales de noticias de los principales diarios, canales y radios se llenaron de titulares que cuentan lo que posteó un famoso en Instagram, con quién se peleó en Twitter o a quién dejó de seguir en Facebook. Clicks baratos. Y muchas veces esas mismas noticias llegan a las páginas de papel del diario, que se ocupan de llenar los mismos periodistas y editores que estuvieron trabajando diez horas para la web. La falta de guita es un círculo vicioso en el que siempre ganan las no-noticias. "Noticias" baratas.

Cuando abrís cualquier portal de noticias en la Argentina esa realidad salta a la vista, combinada con otra no menos dañina para la calidad informativa: los títulos SEO. ¿Escucharon hablar alguna vez de ellos? Si son periodistas, sin dudas que sí. SEO significa *Search Engine Optimization*, es decir: optimización para motores de búsqueda. En castellano: títulos para que midan bien en Google. A grandes rasgos, son títulos cortos (más cortos que uno de los renglones de este texto) que, gracias a algunas de sus características particulares, son "elegidos" por Google para aparecer antes que otros cuando hacés una búsqueda. Algunas de esas características son la enumeración, que hace algunos años rendía mejor si era en números redondos pero ahora genera más clicks si es en números impares ("Las siete claves del proyecto de reforma judicial"), el uso de palabras clave (entre ellas, "hot" y "nuevo" rinden mucho, tipo: "Enredada y al desnudo: la nueva foto hot de Florencia Peña") y la redacción en forma de interrogante ("Barañao. Qué opina de la producción de la vacuna en la Argentina"). Por supuesto que esta mínima lista de ejemplos fue sacada de la realidad. No tuve que buscar mucho. Solo abrí uno de los portales de noticias más leídos del país mientras escribo este texto. Son títulos que no le aportan información al lector, nada de las 5 W. Solo buscan su click.

¿Hay algún camino posible de retorno a la calidad periodística que no tenga que ver con el sacrificio individual del periodista que resigna su ocio y la posibilidad de tener dinero extra en pos de tener el tiempo necesario para desarrollar una noticia? ¿Hay alguna forma de que un medio de comunicación sea sustentable sin depender enteramente del aporte que a título personal pueden hacer los lectores, oyentes y televidentes interesados en consumirlo?

Como esto es un fenómeno global, en otros países hay personas e instituciones que están explorando posibilidades. Las más interesantes apuntan a que los grandes beneficiados de esos miles de millones de clicks que generan las noticias (Facebook, Google,

Amazon, Microsoft, Apple, las grandes compañías tecnológicas) "salven" financieramente a los medios tradicionales aportándoles un poquito de la torta de guita que ganan cada año (en parte gracias a esos medios) y por la que pagan muy pocos o casi nulos impuestos.

En Bélgica está la sede de la mayor organización de periodistas a nivel mundial, la Federación Internacional de Periodistas (FIP), que está formada por 187 sindicatos, federaciones y asociaciones de más de 140 países (lamentablemente, la Argentina no está entre ellos). Son 600000 los profesionales de medios de comunicación que están contenidos en la FIP. Fue allí que surgió una propuesta que intenta buscar una solución a los inescindibles problemas de financiamiento y calidad en el periodismo. La bautizaron con el ambicioso título de "Plataforma mundial para el periodismo de calidad" y lo que proponen es bastante sencillo: que cada país cree un impuesto del 6% sobre los ingresos de las grandes empresas de tecnología. Esto permitiría, dicen, inyectar 54000 millones de dólares en el periodismo. De solo imaginar una propuesta así en nuestro país creo que a Pergolini se le caería el pelo, pero al resto de nosotros por ahí no nos vendría mal explorar la posibilidad. Ponele que no te guste hablar de más impuestos, pero ¿no está bien pensar en cómo reconstruir la calidad periodística? Poder acceder a información confiable y relevante es un derecho de todos, consagrado en la Declaración Universal de Derechos Humanos. Tienen mejor acceso a ese derecho (como a otros) los más ricos. Por eso la FIP no se queda solo en la recaudación. También pide que el dinero que surja de ese impuesto sea administrado conjuntamente por sindicatos representativos de periodistas y trabajadores de los medios de comunicación (mala palabra para muchos en la Argentina) y organizaciones nacionales de empleadores. ¿Qué tal?

"La FIP pide a todos los gobiernos que den apoyo prioritario a los periodistas precarios (incluidos los trabajadores independientes) creando una protección social, un salario mínimo nacional, eximiéndolos del impuesto sobre la renta y concediéndoles préstamos bancarios profesionales a tasas reducidas", dice además el manifiesto, que se puede leer en la página web de la institución que integran sindicatos de Francia, España, Italia, Noruega, Polonia, Gran Bretaña, Suecia, Japón, Jordania, Brasil, Chile, Estados Unidos y Canadá, entre muchos otros países. Una representatividad amplia para una propuesta muy atendible y que va en línea con lo que –forzados por la muy injusta realidad que la pandemia les puso frente a los ojos– han recomendado hasta las instituciones más comprometidas con la baja de impuestos y el capital financiero, como el Fondo Monetario Internacional o el *Financial Times*: que paguen un poco más de impuestos los que se la están llevando toda a costa del trabajo y el esfuerzo del resto.

Hay incluso propuestas algo más ambiciosas. El sindicato de periodistas de Irlanda respalda la propuesta del impuesto del 6% para las grandes tecnológicas, pero agrega un detalle: que los medios de comunicación que reciban ayuda económica de ese fondo incluyan, a cambio de ese dinero, a los trabajadores en sus juntas ejecutivas. Los periodistas irlandeses piden 25% de esas sillas para los trabajadores.

A 15 mil kilómetros de ellos, en Australia, el gobierno presentó un proyecto de ley para obligar a Google y Facebook a pagar a los medios por sus contenidos después de intentar mediar (sin éxito) durante dieciocho meses entre las *big tech* y las redacciones en emergencia. En los últimos meses, en Australia cerraron decenas de diarios y cientos de periodistas fueron despedidos. El proyecto es muy ambicioso: además de pagar por los contenidos, las empresas deberán transparentar cómo manejan los datos de los usuarios, los algoritmos que usan (el gran misterio y Rey Midas de estas compañías) y cómo definen el orden de aparición de los contenidos en los resultados de búsqueda.

Unos meses antes, la Autoridad de Competencia de Francia le ordenó a Google pagarles a los editores de diarios, a las cámaras periodísticas y a la Agencia France Presse (AFP) por usar sus contenidos en las plataformas Google News y Google Search. Según el organismo oficial, Google concentra hasta el 90% del tráfico redirigido a sitios de noticias y eso representa un daño grave a la prensa.

Este tipo de iniciativas generaron, por supuesto, presentaciones judiciales (de las que todavía no sabemos el resultado pues esto es una historia en desarrollo), reclamos en Defensa de la Competencia y protestas empresariales airadas. Pero los gigantes de Internet no llegaron al lugar donde están siendo zonzos ni estando desconectados del pulso de la sociedad. Al menos no todos.

Facebook optó por una estrategia agresiva de respuesta judicial. Pero Google, empujado por la pandemia y con la discusión por sus ganancias ya instalada desde años anteriores, lanzó en abril un Fondo de Ayuda de Emergencia para el Periodismo de noticias locales. Según anunció la empresa, más de 5300 publicaciones pequeñas y medianas de todo el mundo (y más de 1050 de 17 países de América Latina) recibirán del gigante tecnológico entre cinco mil y treinta mil dólares para invertir en sus redacciones. El 90% de todas las solicitudes que recibió Google fue de medios con menos de 26 periodistas.

Ese mínimo gesto fue el primer paso. El segundo llegó algunos meses después, cuando anunció que comenzaría a pagar a algunos medios de Alemania, Brasil y Australia por el contenido de las noticias que le aportan al buscador. Mientras la presión de la autoridad de defensa de la competencia australiana aumentaba, la compañía anunció que comenzará a pagar en los próximos meses por contenido de calidad para su motor de búsqueda. "Nos preocupamos profundamente por brindar acceso a la información y apoyar a los editores que informan sobre estos importantes temas", dijo Google.

El regulacionismo, los pedidos firmes de los trabajadores y de las empresas, y la participación de un Estado fuerte que intervino para equilibrar el terreno tuvieron efectos positivos que excedieron al caso australiano, pues el impacto de la decisión de Google llegará a otros países y probablemente también arrastre a otros de los gigantes tecnológicos que no querrán quedarse atrás en la posibilidad de participar de la generación de información de calidad para sus usuarios.

Es un comienzo y uno de los caminos posibles. Habrá retrocesos, habrá tensiones y habrá otras propuestas, pero es indispensable que los y las trabajadores de prensa, las empresas, los gobiernos y los ciudadanos empecemos a pensar cómo cuidar, respetar y hacer respetar nuestro derecho a la información de calidad. Y eso no lo puede hacer (aunque en la mayoría de los casos lo desee fervientemente) un periodista que cobra seis mil pesos a 90 días por una nota en la que invirtió tres semanas. Simplemente no es posible.

Cuando la discusión llegue a la Argentina, aparecerán los Pergolinis a poner el grito en el cielo. A decir que los sindicatos retrógrados en el país retrógrado quieren ponerle impuestos a los empresarios más cool y modernos de la historia, impidiendo el progreso como ya hicieron con los frilos. Si ese día llega, tengamos a mano el modelo de Australia y sus resultados. Y recordemos que el acceso a información pertinente, comprobada y veraz es un derecho humano que no debería depender del poder adquisitivo de los ciudadanos.

El continente del periodismo en descomposición

Martín Becerra

El shock que sufren los medios de comunicación altera tanto la estabilidad de sus reglas de juego como todas las prácticas, profesiones y oficios que se desarrollaban en ellos, y no es meramente tecnológico. Iconoclasta, el shock derriba tradiciones y revoluciona todos los procesos de producción, circulación y uso social de contenidos de información y entretenimiento. Su impacto se observa no solo en la caída de ventas publicitarias, sino también en la propia definición del periodismo. Es, como se diría en psicología de bolsillo, una crisis de identidad que conduce a que el periodista termine siendo una categoría autopercibida. En el desmadre de los medios, periodista es quien se percibe como tal.

Puertas adentro de las organizaciones de medios, los quehaceres básicos de periodistas, editores, cronistas, diseñadores o reporteros gráficos son perturbados; puertas afuera, los públicos y audiencias migran de plataforma para utilizar o consumir, según sea el caso, contenidos informativos, opiniones y variedades crecientemente personalizados y desprogramados. Los medios eran antes su continente, y cada vez lo son menos.

En el medio, entre el "adentro" y el "afuera" de la circulación social de contenidos, están los soportes y dispositivos que, también, resultan cuestionados y amenazados, desde la industria gráfica de diarios y revistas que originó siglos atrás la serialización de la "comunicación de masas", hasta la televisión y los medios online. Por ejemplo, ¿qué es hoy la televisión? ¿un artefacto que conectado en línea y a través de una consola presenta un menú de juegos? ¿un catálogo de series y películas a demanda que activan los usuarios y hogares abonados a sistemas desprogramados, es decir, sin horario de emisión preestablecido? ¿un flujo continuo y secuencial de entretenimientos, noticias y encuadres editoriales empaquetados y transmitidos desde un canal que puede ser recibido tanto desde las pantallas de dispositivos móviles como desde las del así llamado televisor? Estas preguntas pueden hacerse también sobre la radio, los diarios y otras industrias tradicionales del sector con la misma pertinencia.

En ámbitos periodísticos y de estudios de comunicación es común aludir a la crisis de los medios y debatir acerca del potencial contagio de esa crisis, organizacional, a las prácticas que los medios albergan. Así, hay quienes recelan del concepto de crisis para ubicar el problema en la descomposición del modelo de negocios de las industrias de las comunicaciones, incluidos los medios, como forma de reivindicar profesiones y oficios que tuvieron, en los últimos doscientos años, a los medios como continente.

Pero si es útil para designar la serie todavía inacabada de transformaciones estructurales que son ineludibles para las organizaciones periodísticas, para las industrias del entretenimiento masivo y para quienes trabajan en ellas o están asociados a ellas, por ejemplo, sus trabajadores, entonces apelar al concepto de crisis no es antojadizo.

Hacia una anatomía de la crisis

Los medios de comunicación tuvieron y explotaron, hasta hace pocos años, el control casi total de la cadena productiva de la información y el entretenimiento que circulaba masiva y cotidianamente. En sus dominios se definía la agenda de asuntos a los que los medios y otras instituciones modernas les conferían importancia y que, entonces, despertaban el interés variable de distintos grupos sociales. En el caso de las empresas de medios más poderosas, el control de la cadena productiva se extendía hasta la posesión misma de la propiedad de los eslabones necesarios para producir, editar, distribuir, exhibir y comercializar los flujos de contenidos que bombeaban la opinión pública. El caso de Papel Prensa es un ejemplo entre otros que ofrece la historia reciente del sector.

Pues bien, aquella situación cambió de raíz. La cadena productiva de contenidos masivos fue primero trasladada por la fuerza a los entornos digitales y, luego, intrusada por actores de nuevo cuño, las plataformas digitales que protagonizan el llamado "capitalismo de plataformas", que asumieron funciones antes desempeñadas por las empresas periodísticas. Así, por ejemplo, Google y Facebook controlan el mercado mayorista publicitario digital, controlando buena parte de sus componentes (servicios a anunciantes, a publicadores, a agencias y a usuarios finales que van desde la compra de espacios, el empaquetado y las estrategias de visualización hasta la exhibición de los anuncios).

Hoy la crisis de la importancia y de las funciones sociales y productivas que desempeñaron los medios tradicionales es evidente. Ello repercute, como es lógico, en las profesiones que protagonizaron la organización de sus productos y servicios. Si el periodismo nutría y condicionaba la circulación de la palabra y era un intermediario autorizado entre poderes económicos, políticos, sociales y culturales y la comunidad, esa mediación fue y es subvertida por una serie de cambios que representa la digitalización de los flujos de información y comunicación. Lo que la crisis carcome es el cimiento de la institucionalidad mediática, es decir, el sedimento de prácticas sociales y de organizaciones sociales largamente cultivados y reproducidos por generaciones.

Cambia, todo cambia: hace tan solo diez años en Argentina (quince en EEUU y Europa) en los viejos medios, el sector que se ocupaba de la transición a lo digital era marginal en la disposición física de las redacciones, sus empleados cobraban salarios inferiores, las condiciones laborales eran más precarias y sus productos eran subestimados por toda la organización. Ascender profesionalmente, para un periodista que ingresaba a un medio como empleado de la parcela online, suponía que lo reconocieran e integraran al núcleo central del medio, que es el que cultivaba la rutina productiva tradicional.

Una década más tarde el enfoque cambió, la producción de un medio que no quiere morir aplastado por el vértigo de la era digital está orientada a explorar estrategias digitales para los eslabones de producción, edición, distribución y venta de contenidos en Internet a través de dispositivos fijos y, sobre todo, móviles. No hay modelo seguro que garantice el éxito ni la estabilidad en ninguno de esos eslabones, pero el consenso es que Internet es el centro y el resto debe acondicionarse para que le sea funcional. En la forzada metamorfosis que experimentan muchas organizaciones periodísticas, lo que era accesorio (lo digital) es hoy su razón de ser. El *New York Times*, probablemente el mejor y más cuidado producto periodístico del planeta, marca global y signo de distinción (razón por la cual su experiencia no es extrapolable a otros casos) anunció en agosto de 2020 que por primera vez en su historia los ingresos de la división digital superaron a los de la analógica.

¿Qué pasó en el medio con los medios? Si bien en cada país hay ingredientes idiosincráticos variables, y cada caso merece un examen particular, la descomposición radical del ecosistema de medios de comunicación es un problema global. En esta mutación anidan dos causas que son, a la vez, síntoma del padecimiento reciente, presente y futuro del sector.

En primer lugar, la alteración de su función y de su significación social. Los medios de comunicación institucionalizaron los modos de producción y circulación masiva de información y entretenimiento, en especial la radio y la tv durante los últimos cien años. Con sus claroscuros, es decir, no siempre con garantías de verificación de fuentes ni respeto por las audiencias –contra lo que afirman con nostalgia y espíritu corporativo editores y asociaciones empresarias del sector–, cumplieron una función social relevante en términos de cohesión, distensión cotidiana y doméstica de los conflictos propios del mundo contemporáneo, integración de agendas públicas, apertura, reflejo y control de valores y tendencias, dotación de un imaginario de lo "nacional" y de lo "local" a las comunidades, entre otras funciones que los colocaron como una agencia de socialización digna de competirle a la familia o a la escuela. La "fábrica cultural" que de modo apocalíptico denunciaron los autores de la Escuela de Frankfurt al tiempo que era celebrada como mecanismo de masificación en el acceso a informaciones antes reservadas a las élites, tuvo en el siglo XX un protagonismo inédito.

No obstante, la revolución digital de los últimos años y la consecuente posibilidad de acceder a contenidos a través de múltiples plataformas en diferentes momentos por parte de audiencias y usuarios, modificaron de raíz esas funciones, principalmente por tres motivos:

a. por la desprogramación de los flujos de información y entretenimiento, que ya no respetan la secuencia lineal de los programadores de radio y tv y los ritmos no menos cronológicos de la publicación de diarios con sus ediciones;

b. por la desorganización de la jerarquía editorial que asignan los medios tradicionales (no solo audiovisuales, también la prensa) a los temas que presentan en sociedad, pues la intervención de plataformas digitales que intermedian entre el productor y el destinatario jibariza el empaquetado editorial del primero y distribuye cada unidad de contenidos aislada de su conjunto, quebrando así la consistencia de la línea editorial; y

c. por la migración de los usos y preferencias sociales de los recursos distintivos que antes producían, comercializaban y distribuían por un mismo canal los medios: noticias y entretenimientos.

En segundo lugar, como complemento del cambio en la función y significación social de los medios, éstos sufren la trituración de su modelo económico. Estable durante todo el siglo pasado, sometido a los espasmos generales del comportamiento de la economía de cada país, ese modelo consistía en la comercialización de un producto unificado dirigido a un mercado masivo de consumidores indiferenciados en su mayoría y en la habilidad de capitalizar esa masividad transformándola, a su vez, en un nuevo producto que los medios de comunicación transaban con los inversores publicitarios. No hacía falta conocer en detalle al usuario o consumidor final, porque en rigor el destinatario era el público en general, la masa. La designación de "*broadcasting*" para el sector audiovisual de radio y tv proviene de la siembra, que se realizaba esparciendo desde un punto semillas indiferenciadamente, y denota en sí misma cómo se concebía la diseminación de contenidos desde un punto (la empresa de medios) a la masa, de manera unidireccional y sin interesarse demasiado en las condiciones de recepción de esos mensajes.

El modelo de negocios cerraba un círculo en el que con contenidos atractivos se consolidaba una masa de consumidores o usuarios "fidelizada" que era, a su vez, el argumento de la venta de espacios publicitarios en forma de tiempo (radio y tv) o espacio (diarios y revistas). De allí que muchos periodistas y analistas se refirieran a la atención del público como el "verdadero producto" de los medios.

Pues bien, la "plataformización" de Internet quebró aquel modelo organizativo. Hoy Google y Facebook capturan más del 80% de la publicidad digital, en parte porque, como documenta el monumental informe de julio de 2020 de la autoridad antimonopolio del Reino Unido sobre la economía del sector, estas plataformas controlan buena parte de los eslabones del circuito de oferta, disposición, agregación, edición y exhibición de la publicidad online. Con ello, imponen condiciones (por ejemplo, precios) a anunciantes y a medios de comunicación y, como es lógico, retienen comisiones que, a juicio tanto de la Autoridad de la Competencia británica como del subcomité antimonopolio de la Cámara de Representantes de los EEUU, son abusivas.

El sector de los medios, y una parte del periodismo, vive con fastidio la inserción de las plataformas digitales en el negocio que manejaron a piacere durante el siglo pasado. Grandes empresas periodísticas como el *New York Times*, *The Guardian* o *The Wall Street Journal* publican a diario columnas e investigaciones críticas a la labor de las *big tech* y destacan que los contenidos que almacenan y motivan conversaciones e interacciones en las redes gestionadas por los gigantes digitales son, en su mayoría, los que producen los viejos medios y otras industrias culturales como el cine y la música. Con despecho por un esquema arrasador de las comunicaciones globales, se sienten víctimas de una nueva división del trabajo informativo en la que cargan con casi todos los costos y reciben apenas migajas de los beneficios de la circulación de sus producciones, porque la renta es capturada por las grandes plataformas a las que suelen ver con un rol parasitario.

En este contexto, las autoridades antimonopolio de Francia y Australia avanzaron durante 2020 con sendas resoluciones contra Google y Facebook en casos que tocan la médula de las tensas relaciones entre las plataformas digitales globales y los medios, y que ordenan a las compañías de Internet pagar a editores y empresas periodísticas por el uso de sus contenidos en las noticias y búsquedas priorizadas en las plataformas. Los organismos francés y australiano de defensa de la competencia –los primeros que se expiden sobre cuestiones similares tramitadas también en otros países– afirman haber constatado "daños graves e inminentes" contra los medios de comunicación por la "posición dominante" que Google y Facebook tienen en el mercado de publicaciones digitales.

Cuanto más se profundiza el examen del funcionamiento de las grandes plataformas por parte de autoridades independientes de gobiernos, como lo son en Alemania o el Reino Unido los órganos de defensa de la competencia, más evidencia se reúne acerca del perjuicio que el nuevo ecosistema de comunicaciones causa al sector de medios de comunicación y a quienes trabajan en él. Así, mientras que por ejemplo la autoridad antimonopolio francesa ordena a Google que deberá sostener un principio de neutralidad en la forma en que indexa, clasifica y presenta los contenidos protegidos de los editores y agencias, así como mantener la visualización de extractos de texto, fotografías y videos de acuerdo con los métodos elegidos por el editor o la agencia de prensa correspondiente, en el Reino Unido la autoridad antitrust razona que la excesiva concentración de la economía digital repercute en el deterioro de los medios locales, del ejercicio del periodismo de investigación y del acceso a información diversa.

Para la Autoridad de la Competencia británica, los efectos negativos de la alta concentración carcomen una de las precondiciones de la información pública y de la deliberación democrática, que es el acceso a contenidos y noticias de calidad, lo que obviamente exige inversiones costosas. Pero cuando el costo resulta demasiado alto (por ejemplo, porque la concentración de los eslabones de financiamiento publicitario en manos de Google o Facebook impide a muchos actores sostenerse económicamente), por la colectora del sector condenado a la precarización aumenta la circulación de operaciones de desinformación, noticias falsas, rumores y otras especies.

Aunque el buscador de Google o el uso de redes sociales (Facebook, Instagram) se presumen gratuitos (al igual que la tv abierta, la radio o muchos medios online), son servicios que la sociedad paga indirectamente a través de la publicidad, tal y como ocurre también con la tv abierta o la radio. A su vez, los costos de la publicidad se reflejan en los precios de los bienes y servicios en toda la economía. Un ejercicio elemental de economía política de la información conduce a la conclusión de que los costos de la publicidad en mercados altamente concentrados como los de las plataformas digitales (que la autoridad antimonopolio del Reino Unido documenta como costos más altos de lo que serían si hubiese más competencia, o menos concentración), se sienten en los precios que los consumidores pagan por productos del supermercado, hoteles, bienes electrónicos, libros, seguros, viajes y muchos otros que hacen un uso intensivo de la publicidad. Así que la presunta gratuidad en servicios de información y comunicación es una falacia.

Periferia al cuadrado: América Latina en el (des)concierto digital

Para dimensionar la perspectiva de la gran industria de medios ante el shock de la digitalización, vale reparar en el testimonio del CEO de uno de los grupos editoriales más grandes de Europa, Mathias Döpfner (*Axel Springer*), quien en una carta abierta a Google expresó "en lenguaje claro y sencillo, nosotros –y muchos otros– dependemos de Google. Google tiene el 91,2% de la cuota del mercado alemán de los motores de búsqueda. En este caso, la frase "si no le gusta Google, puede darse de baja de sus listados e irse a otra parte" es casi tan realista como recomendarle a un adversario en el terreno de la energía nuclear que deje de usar electricidad. Sencillamente, no puede hacerlo en la vida real... a menos que quiera unirse a los amish".

Si en los países capitalistas centrales los grupos de medios más consolidados se sienten amenazados, y si las acusaciones de las autoridades antimonopolio contra las grandes plataformas digitales acompañan ese sentimiento, basado en la imposición de condiciones comerciales desleales a los medios, lo que inhabilita negociaciones justas en materia de visualización de los contenidos producidos por estos, la situación es más delicada en América Latina, una región históricamente más desigual, con economías más precarias, ingresos más bajos y empresas periodísticas más frágiles.

La diferencia se aprecia al comparar, por ejemplo, el abordaje editorial sobre los abusos de posición dominante y política de datos personales de las plataformas en medios de países centrales y en medios latinoamericanos. Mientras que las grandes empresas periodísticas de EEUU y Europa ceden cotidianamente sus espacios a la ola de críticas a los gigantes tecnológicos, procesando así su despecho por la pérdida de la renta publicitaria de la que gozaron durante décadas y que hoy capturan Google y Facebook, en el Sur del mundo las empresas del sector ruegan por ser patrocinadas con los programas de mecenazgo con los que las plataformas atenúan cuestionamientos públicos, ecualizando el volumen de la crítica. Eneamigos, como dice Bob Esponja.

En América Latina en general, y en la Argentina en particular, el sistema de medios es mayormente privado en su propiedad y comercial en su gestión (aunque hay importantes y valiosas experiencias estatales, cooperativas y de organizaciones comunitarias). Es también, altamente concentrado en grandes grupos que desbordan la clasificación sectorial de los medios y cuentan entre sus accionistas a capitales financieros y de otros rubros de la economía.

La sociedad entre el Grupo Clarín con Fintech en Cablevisión y Telecom es un ejemplo de esta tendencia. Los grupos de medios más concentrados tienen una fluida relación con el estamento político y, aun no siendo buen negocio en sí mismas, las empresas periodísticas resultan un lubricante para obtener participación en otras actividades económicas, lo que facilita la interlocución con la política, tanto a niveles nacional como provinciales y municipales.

Asimismo, la historia del sector ha sido muy permeable a la presencia de capitales extranjeros, principalmente (pero no únicamente) estadounidenses. Otro atributo, que no es novedoso aunque se profundizó en las últimas décadas, es la centralización geográfica de la estructuración del sector, que tiene en la ciudad capital (Buenos Aires) la principal usina de contenidos.

Pero, pese a la alta concentración de capitales privados y a la orientación comercial de las compañías mediáticas, que repercute en líneas editoriales mayormente prejuiciosas respecto de la participación estatal en la economía y en la compensación de las asimetrías producidas por el mercado, el sector de medios de comunicación es, paradójicamente, muy estadocéntrico. No deja de ser paradójico que empresas que reciben asistencia estatal para pagar sueldos de su redacción tengan, como principales voceros, a columnistas y conductores que predican contra lo público sin cuyo aporte no tendrían espacio.

En efecto, es imposible hallar en la genealogía de los medios y grupos de comunicación más consolidados un desarrollo autónomo de la asistencia –por lo general, discrecional– del Estado, lo que no significa que solo con asistencia estatal se logre consolidar medios de comunicación. Esa dependencia se expresa a lo largo de las décadas en el otorgamiento sesgado y renovación automática de licencias de radio y tv; aranceles de importación de papel y otros insumos críticos; condonación de deudas previsionales o fiscales; asignación de publicidad oficial a medida no de la campaña a difundir sino de las necesidades empresariales del medio beneficiario; subsidios directos y sectoriales (como los otorgados para garantizar fuentes de trabajo y evitar despidos); regímenes de promoción industrial;

subsidios energéticos o al transporte; beneficios en el IVA; excepciones ad hoc en el cumplimiento de la normativa; congelamiento de la competencia en el sector de la tv paga y postergación *sine die* de obligaciones de inversión (como soterramiento de la red); suscripción a ejemplares; adaptación de la regulación sobre quiebras; acceso privilegiado a primicias; asociación directa con el propio Estado en detrimento de la competencia, entre otros aspectos. En la pandemia Covid-19, el auxilio se multiplicó e incluyó la ejecución del Programa de Asistencia de Emergencia al Trabajo y la Producción (ATP), con el que pagaron parte del salario de los trabajadores todas las empresas periodísticas grandes y medianas, y créditos blandos.

Si esos profusos vínculos de las empresas de medios con el Estado son una regularidad que, a pesar de los grandes vaivenes históricos, permite reconstruir la economía del sector desde principios del siglo XIX en adelante, hoy, cuando públicos cada vez más amplios aceleran su éxodo de los medios tradicionales, resulta necesario revisarlos y preguntarse si no es preciso, acaso, construir políticas públicas no discriminatorias que colaboren en la producción de noticias locales, regionales y nacionales. Dicho de otro modo: ya que el Estado paga una parte creciente de la cuenta y sale en auxilio de las deudas del sector, que las reglas sean claras ahora que es más necesaria que nunca su intervención. Sobre todo, porque la regulación sobre medios (dispuesta por ley, en el kirchnerismo; y por decreto y reglamentos, básicamente, el macrismo), las políticas públicas aplicadas no alcanzaron el objetivo de garantizar fuentes de producción y distribución de contenidos diversos (política, social, cultural y geográficamente diversos) con reglas de juego no discriminatorias.

Peor aún, el sistema entró en bancarrota en los últimos años y durante la presidencia de Mauricio Macri (2015-2019), conductores y opinadores de grandes medios comerciales celebraron el cierre de medios y el despido de miles de sus colegas, a quienes acusaban de simpatías con el ciclo kirchnerista (2003-2015).

Pero como toda hipótesis monocausal, su explicación de la crisis del sector era rústica y, para convencerse, precisaron adulterar las pruebas mediante una lógica de selección por conveniencia: la implosión del Grupo Szpolski a comienzos de 2016 y la inestabilidad de Indalo, con los despidos de Roberto Navarro y Víctor Hugo Morales y, sobre todo, con la prisión dispuesta contra los accionistas del grupo, Cristóbal López y Fabián de Souza, son la muestra sesgada que exhiben quienes atribuyeron todas las contrariedades del sector al kirchnerismo. Sin embargo, esta explicación se derrumbó de modo fulminante en el tramo final del gobierno de Macri, cuando el Grupo Clarín anunció el cierre del diario La Razón y, poco antes, de la Agencia DyN (Diarios y Noticias), cuyo accionariado protagonizaba junto con *La Nación*.

El sesgo de esa hipótesis era evidente, ya antes el Grupo Clarín había cerrado su planta Pompeya de Artes Gráficas Rioplatenses (AGR), luego Editorial Atlántida discontinuaría seis de sus revistas, más tarde un juez ordenaría la quiebra de Radio Rivadavia y, en el medio, se producían despidos y retiros "voluntarios" en todas las empresas de medios de las principales ciudades (por ejemplo, en uno de los medios más apologéticos de la dictadura, La Nueva Provincia, cuya versión impresa cerró) y también en las emisoras del propio Estado Nacional, que, en la gestión anterior, echó a más de 350 empleados de la Agencia Télam con tal arbitrariedad que fueron finalmente reincorporados por orden judicial. El sumario de medios que cerraron, se achicaron y realizan ajustes no reconoce grieta ni alineación ideológica y salpica a todos.

Hay quienes, en cambio, amplían la mirada para aludir al proceso que no solo desborda al kirchnerismo y a los usos que el macrismo realizó de su herencia, sino que supera con creces nuestras fronteras. La escena, que es catastrófica a nivel planetario para la institucionalidad mediática y que se ha descripto en las páginas anteriores, opera con el poder dramático de la naturalización e impide percibir qué hay de específico en el caso argentino.

La descomposición radical del ecosistema de medios de comunicación es un problema global, que precariza el trabajo, reorienta el mapa de ganadores y perdedores y debilita la calidad de las producciones. Pero como siempre que están involucradas fuerzas sociales y económicas, también ahora el sentido de las políticas públicas puede agravar, mitigar o reconducir hacia otros horizontes la crisis en el sector de los medios. Por ello en cada país el impacto es diferente y depende tanto de la capacidad y la voluntad estatal para atenuarlo, como de la habilidad de los actores de la propia industria para afrontar una etapa para la cual están en ascuas.

Epílogo: lo que viene

La sociedad informacional, atestada de dispositivos personales que conectan flujos de información y entretenimientos a escala global y con un volumen inédito en la historia humana, es portadora de pésimas noticias para esa institucionalidad de producción, edición y distribución de contenidos masivos que son los medios de comunicación. Este escenario, que ocupa los debates de encuentros locales, regionales y planetarios del sector, presenta en la Argentina una faz aún más problemática.

A golpe de cierres de empresas, despidos y precarización, el que fuera un oficio que combinaba altas dosis de calificación intelectual, olfato político y bohemia, y ofrecía estabilidad e ingresos razonables, se convierte en una carrera de obstáculos darwinista que demanda nuevas capacidades de rebusque y adaptación ligera, aunque no garantiza la supervivencia ni siquiera a quienes logran desarrollarlas. El problema con el periodismo y con los medios es que su crisis no es solo una cuestión de periodistas y de empresarios del rubro, sino de toda la sociedad.

En una etapa histórica en que la inédita expansión global y digital de los negocios de las comunicaciones (entendidas como industrias del entretenimiento, de la comunicación, del contacto y de la información) se muestra inflexible con los más escuetos márgenes de retorno de la inversión destinada a la producción de noticias, la sociedad en su conjunto resulta afectada por la disminución de fuentes informativas locales/regionales y de perspectivas editadas profesionalmente.

Sea a través del menguante negocio publicitario, de sistemas de suscripción (rígidos o porosos), de pago por uso, de comunidades de afinidad, de auspicios institucionales o de la combinación variable de estos elementos (que ensayan no solo los medios comerciales más grandes, sino también alternativas como *Tiempo Argentino*, *Futurock*, *El Ciudadano* o *El Destape*), el ajuste de las empresas periodísticas está condicionado no solo por la mutación general de las industrias de la comunicación sino, además, siente el efecto de la recesión económica en los bolsillos de sus destinatarios y los vaivenes de las políticas estatales de los últimos diez años. Sin público no hay medio que valga, y sin estabilidad y garantías de no discriminación por parte de las hoy imprescindibles ayudas estatales, no hay proyecto que pueda alcanzar su madurez.

La posibilidad de recuperar algo de la renta publicitaria y de la explotación económica de los contenidos producidos por el sistema de medios y que hoy capitalizan las grandes plataformas digitales, algo que ya es materia de debate cotidiano en los países centrales, abrirá un horizonte de nuevas e importantes discusiones que definirán los años futuros del periodismo. La lógica de mecenazgo de los programas de Google y Facebook de apoyo a algunos medios y periodistas es loable, pero corporativa y privada. La cuestión es cómo complementar estrategias de carácter público definidas con criterios democráticos la reinversión de la economía digital en el sector de los medios.

Así, la puja por la distribución de los ingresos de un sector que no logró dotarse de reglas ecuánimes de reparto de los menguantes recursos en el pasado analógico promete ser trascendente en la era digital.

Si se forzara a reinvertir en el sector parte de los beneficios de la circulación digital de los contenidos que los medios producen, esa puja será medular. Los grupos y compañías más concentrados aducirán el rating como criterio orientador, lo que es complicado doblemente, pues además de que en la Argentina no hay mediciones en todo el país e incluso las escasas que existen en el área metropolitana de Buenos Aires son habitualmente cuestionadas en su confiabilidad, se trata de un principio que castiga a los más pequeños y a los que operan fuera de las grandes ciudades que son, a la vez, los únicos mercados con escala suficiente para albergar varios medios de comunicación al mismo tiempo.

Los sindicatos de periodistas plantearán que un criterio básico para aspirar a nuevos recursos será el respeto por el trabajo en blanco (la no precarización del empleo en las redacciones) y temas clave como la equidad de género. Asimismo, habrá organizaciones de medios no comerciales que sostendrán la necesidad de apoyar lógicas que se aparten del mercantilismo informativo que lesiona la selección de temas, de fuentes y de encuadres. Estas demandas se complementarán con las de medios locales que propondrán acciones afirmativas de equilibrio geográfico.

Esos puntos conforman una agenda emergente que procura salir del laberinto por arriba, como suele decirse. Es que para ir más abajo habría que contratar a sepultureros.

Periodismo *Gillette* y Periodismo *Clic*

Martín Caparrós

Hace poco tuve noticias: me fui del *New York Times* –estaba harto de sus imposiciones y censuras– y empecé a publicar en un espacio propio, chiquito, modesto, donde nadie me va a decir qué puedo escribir y qué no. Me parece que no hay nada más valioso –y, a veces, más difícil. Parece un camino nuevo; ya lo hicieron, por ejemplo, fundadores como Mariano José de Larra –Madrid, 1830–, sin ir más lejos. Pero es cierto que estamos, como siempre, en un momento raro.

Este, como todos, se define por una serie de imposibilidades e impotencias –que sería bueno definir. El chiste es malo, pero debo confesar que lo he repetido un par de veces. Un periodista me pregunta –me lo preguntan a menudo– qué le diría a un joven que quiere ser periodista y yo le contesto que mire la lista: "Que mire la lista de las noticias más leídas de cualquier diario". Es un termómetro espantoso, pero nos dice la temperatura: caliente, caliente. O más fría que un veneno.

Durante toda su historia, el periodismo escrito estuvo libre de la lógica del rating –que roía las entrañas de la tele y la radio. Un editor, un director y un jefe de redacción publicaban un diario y el diario se vendía más o menos y ellos suponían: quizás era por esa nota sobre el nuevo nueve de Boca o la investigación de esa mentira del ministro o esa foto en la tapa o la serie sobre actrices rubias o el suplemento de limpieza de bidés. No sabían –no tenían forma de saber–; creían. En cambio ahora, desde hace muy poco, saben con una precisión disparatada.

Las redacciones de los diarios, transformados en medios digitales, tienen pantallas donde los jefes pueden seguir al segundo –al segundo– la cantidad de personas que cliquea cada artículo. Lo cual, por un lado, suele hacer que "suban" los más cliqueados a los sectores más mirados de sus diarios, así se cliquean un poco más, y, sobre todo, que intenten producir más notas semejantes; así, imaginan, van a tener más lectores, más clics, más éxito, más plata. O sea que esas listas, modositas, comedidas, tienen un peso decisivo en la elaboración de nuestros diarios: son sus editoras. Y, por otro lado, nos hablan de nosotros: quiénes somos, en la variante qué leemos.

* * *

Así que hace unos meses se me ocurrió recuperar, un día preciso, cuando empezaba la pandemia, las listas de las noticias más leídas –o "más vistas", según– de algunos de los diarios más leídos –o más vistos– de América Latina, para ver qué decían de lectores y periodistas latinoamericanos.

Sobre treinta noticias, once –más de un tercio– trataban de crímenes y nueve –casi un tercio– de lances de farándula. Había apenas cuatro sobre la cuasi pandemia –y tres de ellas estaban en *El Tiempo* de Bogotá–. Cuatro –dos en *La Nación* de San José– eran sobre temas sociales y dos sobre líos de deportistas; dos –dos, un par, una más una– entre las treinta eran más o menos políticas o así. No había una sola sobre un tema seriamente político, ni una sola sobre otros países, ni una sobre la economía y sus vericuetos, ni una sobre los cambios sociales, ni un análisis, ni una columna, ni un reportaje, ni una investigación. Quiero decir: nada de todo lo que podría enorgullecer a un periodista.

Lo sospechaba pero quería verlo: esto es lo que hay. No es fácil. No querría ser el editor de un diario latinoamericano, sabiendo que mis lectores favorecen –¿esperan?– este tipo de notas. No quisiera ser un periodista latinoamericano, sabiendo que si hago este tipo de notas me va a ir mejor en mi carrera. La mayoría cae presa de la lógica del rating: una nota importa menos por lo que ve que por cuántos la miran. Muchos medios se someten a esa dictadura del número, donde los que definen qué vale la pena publicar son los miles o millones que cliquean o no sobre un título más o menos engañoso: el Periodismo *Clic*. Por algo la palabra clic significó, durante siglos, la comitiva de lameculos que festejaban todas las ocurrencias de algún jefe –y ese sentido sigue vivo en la clica centroamericana, otro nombre de la banda mara.

* * *

Aquí, para lamer consumidores y anunciantes, las notas se vuelven cada vez más banales, cada vez más amarillas, cada vez más necesitadas de cariño; no pensadas para contar lo que creemos que debe ser contado sino para la cantidad de lectores que las miran. Para lo cual abundan las preguntas en lugar de títulos, los títulos falaces, el chisme irrelevante, la sangre pegajosa: como si sus autores, que ahora llaman editores, asumieran que sus lectores son idiotas y que solo se interesarán por materiales ídem.

¿De quién es la culpa si los lectores argentinos prefieren abrumadoramente leer sobre Susana Giménez y Mirtha Legrand y los chilenos sobre Mon Laferte y Javiera Contador? ¿De quién si los peruanos quieren sangre y genitalia? ¿De quién si ninguno elige esas notas de política nacional que, generalmente, son la tapa de los diarios que leen –y nos parecen, a menudo, lo importante de nuestros periódicos, de nuestro periodismo? Para quién canto yo entonces, se preguntaba una y otra vez Charly García, y es fácil echar culpas a nuestras sociedades cada vez menos educadas, más entontecidas. Es fácil y suena injusto, pero no se me ocurren muchas otras opciones.

Por momentos parece claro que la famosa crisis del periodismo es, antes que nada, con perdón, la crisis de sus lectores. En cualquier caso, lo que queda claro al leer las listas de las noticias más leídas en nuestros diarios más leídos es que hay una distancia abismal entre lo que los periodistas solemos creer sobre nuestro trabajo y lo que los lectores esperan de él. Y supongo que, de algún modo, hay que resolver esa distancia: acortarla, digo, de algún modo.

Por eso hemos dicho, tantas veces, que importa escribir contra el público –o, por lo menos, contra esa idea desdeñosa del público que se hacen muchos editores. Porque esa idea es eficaz: crea lo que imagina. Cuanta más mierda se les dé a las moscas, más querrán las moscas comer mierda –digo, para mostrar que no he olvidado mi francés. Más se acostumbrarán, más la pedirán: mejor, entonces, podrán cagarlos los que siempre lo han hecho.

Y que si alguna vez se dijo que hacer periodismo es contar lo que alguien no quiere que se sepa, ahora se puede suponer que hacer periodismo es contar lo que muchos no quieren saber. Contar lo que tu oficio, tus años de experiencia, tus saberes te enseñaron a considerar relevante: esas cosas que hacen que valga la pena ser periodista. Escribir a favor del público, pero un público utópico, entendido como una legión de inteligencias exigentes, movilizadas. A favor de un público que quizá no exista, pero que solo puede llegar a existir si creemos que sí –y trabajamos para él.

Aunque siempre queda, por supuesto, la posibilidad de averiguar qué cenó Susana Giménez. Imagínense si tienen suerte y tomó vino.

* * *

Muchos medios, muchos editores se debaten en este problema: ¿hacerlo bien o ganar plata? Y algunos de los más serios, de los mejor intencionados caen, creo, en una trampa para bisontes. Se ha difundido por el mundo –y, mucho, por América Latina– cierto modelo de periodismo americano. Cada vez me apena más la influencia que alcanzó en nuestros países ese periodismo atildado, pasteurizado, tan seguro, tan satisfecho de sí mismo, tan bien afeitado que podríamos llamarlo Periodismo *Gillette*. Es ese periodismo que llega con ínfulas de superioridad moral porque les preguntan las cosas a dos o tres personas y balancean lo que dicen las unas y las otras y usan mucho la palabra fuente y, en general, escriben como si se aburrieran. Disculpe, señora Rosenberg, ¿usted qué opina del señor Hitler? Perdone, señor Hitler, ¿usted qué piensa de la señora Rosenberg?

Es un periodismo paranoico, donde los medios más copetudos ya no confían en los periodistas que contratan y les hacen *fuck-checking*, la famosa verificación de datos. Durante siglos se supuso que los periodistas trabajaban de conseguir información correcta; ahora sus jefes no lo creen —no les creen— y ponen a alguien a controlarlos. Se quejan de que no tienen dinero, echan gente con ganas pero se gastan lo que dicen que no tienen en seguridad: en paranoia. Es, con perdón de las camareras de los hoteles, lo mismo que hacen algunas cadenas cuando las obligan a limpiar de a dos cada habitación, para garantizar que cada una, al estar sola, no se tiente y robe. La práctica paranoica es coherente con este mundo de hipercontrol construido a partir de los miedos. Sería lógico que el ejemplo del periodismo se difundiera: que, por ejemplo, en cirugía se impusiera el *cut-checking*, donde un colega más bisoño vuelve a abrir al paciente para ver si el primero no se olvidó una gasa sucia o un pedacito de tumor.

Es, está claro, un periodismo elaborado en los Estados Unidos para ciertas características del pensamiento americano, con perdón del oxímoron. Un periodismo –¿un pensamiento?– que busca, básicamente, la verdad, porque cree que existe una verdad, porque viene de un país que cree en la verdad porque usa unos billetes que dicen que *In God we trust*, y quien confía en Dios se cree que existe la verdad: Una Verdad. Es la base de la conducta religiosa, contra los incrédulos que pensamos que no existe la verdad sino miradas, diversidad, conflicto. Que la verdad se aplica a hechos tan banales como dónde estaba usted ayer a las ocho menos cuarto –aquí o allá, no en tres lugares– o que si dijo digo no dijo diego, pero nunca a las cuestiones realmente complejas, las que importan, donde lo que hay, siempre, son relatos, visiones.

* * *

(O se aplica, en su defecto, a las cuestiones definidas por la ley: si hay una ley que dice que no se puede conducir a más de 100 km por hora, conducir a 104 contraviene esa ley. Si otra ley dice que las naranjas de una frutería son propiedad del dueño de la frutería, llevarse una naranja contraviene esa ley. Si otra dice que un funcionario público no debe obtener beneficios económicos de su puesto más allá de su sueldo, obtenerlos contraviene esa otra. Por lo cual el Periodismo *Gillette* se siente muy cómodo en ese terreno bien señalizado de la corrupción: hay una verdad visible, está muy claro cuándo algo es malo y cuándo no. En cambio, cuando ese mismo ministro decide gastar legítimamente la plata del Estado en una autopista en lugar de un hospital –tomar una decisión, hacer política–, ya no hay verdad; todo se vuelve cuestión de opiniones, de visiones del mundo: todo se complica.

Es la causa principal de esa tendencia a presentar la política como un relato policial: quién roba, quién no roba, quién es el culpable. La información poli-poli se ha asentado porque permite juzgar sin pensar: ciñéndose a las leyes que todos decimos aceptar. Allí el Periodismo Gillette hace su agosto, y es una mirada que sí comparte con el resto de la sociedad: lo que alguna vez llamamos honestismo.)

* * *

Las escuelas de periodismo ofrecen el Periodismo *Gillette* (PG) como la forma canónica de hacerlo, igual que las escuelas de economía enseñan a sacar plusvalía y las de derecho a usar la ley en beneficio de los dueños. El PG sirve, antes que nada, para definir lo que es noticia: lo que pasa en el poder –político, más que nada, no vaya a ser– y sus alrededores. El PG decidió hace unas décadas que debía dedicarse a "fiscalizar el poder", y se empeña en formar parte de él para vigilar sus errores y excesos. Honestista a fondo, se jacta sobre todo cuando consigue cargarse a un funcionario –sus *gunners* se van marcando ministros en las cachas– porque cree que esa es la mejor manera de purificar el sistema y conseguir que siga funcionando, pero se presenta como neutro: evita preguntarse si su trabajo no sirve, sobre todo, para mantener este sistema funcionando, y qué es este sistema, cómo y a quiénes beneficia, cómo y a quiénes condena.

Gracias a esa política de mantenimiento del poder constituido, el Periodismo *Gillette* funciona en diálogo permanente con los demás poderes constituidos, los gobiernos que le cuentan sus cositas, los políticos que le entregan a sus compañeros en desgracia, los empresarios que le compran sus buenas voluntades, los riquísimos que –incluso– lo subvencionan para lavar sus conciencias y, sobre todo, para ayudar a que ese sistema que los hizo riquísimos no se desmorone.

Sus medios y sus periodistas, mientras tanto, condenan a esos colegas que llaman activistas porque muestran "una ideología". Así postulan que lo que ellos despliegan no es ideología: defender la economía de mercado y la propiedad privada y la delegación del poder no lo es; eso es pelear por la verdad, la libertad, la democracia, todo eso que no se puede cuestionar.

* * *

Pero, mientras tanto, el Periodismo *Gillette* y el Periodismo *Clic* –¿quién no oyó hacer *clic* a una *gillette*?–, ambos dos, están perdiendo el monopolio. Hasta hace unos años quien quisiera difundir una noticia, una opinión, dependía de ellos: ellos tenían el papel, las imprentas, los circuitos de distribución, la plata; sin ellos no había forma de circular palabra escrita. Ya no: ahora el intermediario diario no es indispensable. Puede seguir funcionando como garantía de cierto cuidado: si Juan Pepe publica sus palabras por ahí sueltas muchos podrían no creerle; en cambio, si Juan Pepe las publica en tal o cual medio, entonces sí. Pero para un periodista con algún recorrido esa legitimación no es indispensable; los medios, ahora, en general, se necesitan como gerencia de recursos: oficinas que recauden el dinero necesario para trabajar, para vivir de ellos. Nada que no se pueda reemplazar con cierto esfuerzo.

Así que muchos medios se preocupan. Están en crisis y, como mantienen algún poder de difusión, nos quieren convencer de que su crisis es la crisis del periodismo. Nada más falaz: en muchos lugares, de muchas formas, se está haciendo muy buen periodismo; a menudo, no se publica en los grandes periódicos. Yo acabo de salir de uno porque no quería seguir haciendo lo que tuve que hacer demasiadas veces en mi vida: pelearme con editores que ejercían su pequeño poder para tratar de mantenerme dentro de sus estrechísimos esquemas. Siempre me interesó, dentro de mis estrechísimas posibilidades, romper esos esquemas, buscar formas.

Así que ahora he vuelto a hacer algo que los periodistas sudacas conocemos bien: trabajar por nuestra cuenta y riesgo, invertir horas y esfuerzos en hacer lo que nos interesa más allá de que, en principio, no haya quien lo pague. Digo: trabajando en otras cosas para poder trabajar en las cosas que nos importan. Así trabajé tantos años; así se hace, todavía, mucho del mejor periodismo.

Es una pena y un orgullo: a mí, por lo menos, me los da.

Tribuna caliente

Ezequiel Fernández Moores

"Si la prensa se limita a decir que unos creen que la Tierra es plana y otros creen que es redonda, ¿para qué carajo sirve la prensa?" El periodista español Gerardo Tecé se hizo la pregunta no por los terraplanistas, sino por la prensa. Porque ese mismo mecanismo informativo, dijo Tecé, es el que termina dándole entidad política a los "discursos de odio". A que mujeres maltratadas sean tildadas de "feminazis". O que la delincuencia es culpa de los inmigrantes. Tecé pedía no comparar lo incomparable. "Disculpe señora Rosenberg –graficó una vez Martín Caparros–, ¿usted qué opina del señor Hitler. Perdone señor Hitler, ¿usted qué piensa de la señora Rosenberg?". Texto y contexto. "Informar –me enseñó un viejo profesor hace más de cuarenta años– es dar forma". Suele decirse que si una persona afirma que llueve y otra dice que no, el trabajo del periodista no es el de limitarse a publicar ambas voces, sino abrir la ventana y ver si llueve. Pero puede suceder también que, al abrir la ventana y ver que cae un líquido, lo que esté cayendo tal vez no sea lluvia. Que se trate de lo que decía aquel graffiti callejero de 2001 (el estallido que la prensa no supo, no pudo o no quiso avisar). Aquella pintada de San Telmo que decía "Nos mean y los diarios dicen que llueve".

La "objetividad" es uno de los grandes mitos de la prensa. Pero el simple relato de los hechos es un ejercicio de pura subjetividad. Opinamos cuando elegimos de qué hablaremos. Cómo iniciaremos la crónica. Qué datos irán primero, cuáles luego y cuáles desecharemos. Con quiénes hablaremos. Qué les preguntaremos. Cómo titularemos. Cómo cerraremos el artículo. Qué palabras usaremos. Las palabras no son inocentes. Las omisiones tampoco. Hablamos de hechos provocados por sujetos, escribimos para sujetos y somos sujetos. Sin embargo, colegas experimentados insisten en que el diario solo expresa su línea en la sección "Editorial". Y que el resto es información objetiva. "Objetividad –dijo una vez el científico austríaco Heinz Von Foerster– es el delirio de un sujeto que piensa que observar se puede hacer sin él". Comienzo hablando de la "objetividad" (siempre preferí decir "honestidad") porque es un tema central de estos tiempos. Porque estamos reviviendo discursos de odio que creíamos extinguidos. En el Primer y en el Tercer Mundo. Y porque, por momentos, la prensa no hace más que fogonear las diferencias. No las cuenta como un intercambio de ideas o de disenso. Del juego democrático. Vende más la "polémica". La "grieta".

La norma histórica de darle lugar a las partes enfrentadas de una misma historia ha servido de justificativo, muchas veces, para igualar a la víctima con su victimario. A la señora Rosenberg con el señor Hitler. Creemos que así mantenemos la sagrada neutralidad. Dijo una vez el premio Nobel de la Paz Desmond Tutu: "Si un elefante pone su pie sobre la cola del ratón y tú dices que eres neutral, el ratón seguramente no apreciará tu neutralidad". La revista alemana *Der Spiegel* concluyó en un extenso informe que el periodismo no debe censurar a los discursos de odio. "No al silencio, sí a más conocimiento", afirmó. El debate también se plantea en Estados Unidos, el país que siempre se jactó de garantizar la libertad de expresión en la Primera Enmienda de su Constitución. *The New York Times*, con la firma de Andrew Maratz, aceptó que "la libertad de expresión es un valor fundamental". "Pero no el único", advirtió. Maratz escribió que los discursos de odio sirven hoy de fundamento a matanzas masivas en escuelas, shoppings y paseos públicos. "La libertad de expresión –afirmó– nos está matando".

¿Y cuál es la responsabilidad de la prensa cuando actúa como mera vocera del poder –político, económico o judicial– sin siquiera controlar si ese poder está mintiendo de modo deliberado y alimenta el odio que otros convierten en matanza? "Señor presidente, después de tres años y medio ¿se arrepiente de todas las mentiras que ha hecho al pueblo estadounidense?", sorprendió a Donald Trump el periodista SV Date, del *Huffington Post*, en conferencia de prensa en la Casa Blanca en agosto de 2020. Trump ni respondió. Date justificó luego su pregunta recordando un informe reciente de *Washington Post* sobre más de veinte mil "afirmaciones falsas o engañosas" de Trump en su mandato. "Llevo más de tres décadas en este oficio y lo que está sucediendo ahora no tiene precedentes". El propio Date había escrito meses antes un artículo titulado "El ministerio de la mentira". Lo inició con una mentira de Trump al presidente de Ucrania, Volodymyr Zelensky. Cuando le dijo que sabía mucho sobre Ucrania porque él había sido el dueño del certamen Miss Universo y un año la ganadora había sido de Ucrania (sic). El problema no fue ese. Date chequeó que Ucrania jamás había ganado durante los veinte años de Trump en Miss Universo, y ni siquiera lo había hecho en los sesenta y seis años del concurso. "En lugar de titular 'El presidente dijo X', los diarios –afirmó Date– deberían haber titulado 'El presidente mintió sobre X'". Lo peor fue que la Miss Universo fue la menor de las mentiras de Trump en aquella charla. Hubo muchas más. Y más graves. Los diarios, dijo Date, difícilmente puedan liderar un cambio "porque las noticias son negocio y, en los negocios, el cliente siempre tiene la razón".

Aquí no tenemos matanzas, pero sí una confrontación que se está haciendo cada vez más insoportable. ¿Cómo abrir el debate cuando el periodismo se encierra y dice que la sola discusión sobre el tema es una amenaza contra sus libertades? Porque al primero de los mitos le sigue el segundo: la prensa independiente. "Un periódico es independiente –decía en 1964 el periodista alemán Gunther Nenning– cuando nadie lo edita, para no representar la opinión de nadie ni defender los intereses de nadie. Cuando no se escribe por nadie y no es leído por nadie. Solo un periódico semejante es independiente. No queda bajo la influencia de su editor, ni de su redacción, ni de sus lectores". En la Argentina de los últimos años, la cita del "periodismo independiente" sirvió más que nunca para oponerla al "periodismo militante". Los "militantes" están "ideologizados". Los "independientes", en cambio, son periodistas profesionales, sin ideología, "objetivos". Y pretenden que lo creamos.

En el año 2012 fui invitado a exponer a Bogotá a uno de esos Congresos de la prensa "independiente". Decenas de colegas de diversos países exponían investigaciones sobre la corrupción de sus gobiernos. Muchas de ella eran valientes e impecables. Buena parte de los colegas destacaban que sus investigaciones solo eran posibles porque trabajaban en medios "independientes". Eran años de los Kirchner en Argentina, Lula da Silva en Brasil, Evo Morales en Bolivia, Rafael Correa en Ecuador, Fernando Lugo en Paraguay y Frente Amplio en Uruguay. ¿Se investigó antes con similar rigor a gobiernos que eran más afines con la línea del medio? ¿Y a los posteriores? Todos sabemos que no. Yo había sido invitado a Bogotá para hablar de periodismo deportivo. Sentí necesidad de hablar también sobre lo que había escuchado. Cito textual porque hoy escribiría exactamente lo mismo: "Trabajamos, en general, para empresas que dicen representar la libertad de expresión, pero que dependen cada vez más del poder financiero global. Difundimos la opinión de analistas o consultoras que pontifican y no aclaramos quiénes les pagan, trabajamos en empresas que, en buena hora, vigilan a las democracias, pero que, en muchos casos, ni siquiera permiten la libertad sindical de sus periodistas y no responden críticas".

La prensa "independiente", en general, fue impiadosa cuando aquellos gobiernos de línea opuesta ("populistas") buscaron profundizar sus políticas. La independencia era respecto del poder político, no del económico. En Argentina, en general, la prensa fue durísima con los Kirchner. Y los Kirchner también jugaron duro. "678", el programa oficialista de la TV Pública (ex ATC), fue útil para desnudar omisiones, intereses y contradicciones, pero ridículo cuando tachó de "golpista" a cualquier crítica, sin distinciones. Como lo hacen también hoy algunos portales de prensa oficialistas, que usan títulos siempre escandalosos y subestiman la inteligencia del lector. Hay un discurso que afirma que el gobierno de Mauricio Macri tuvo una relación más democrática con la prensa. El discurso omite, entre otros, los casos de periodistas espiados por los servicios de inteligencia, despidos masivos y selectivos en Télam, la patota que invadió *Tiempo Argentino*, controles a *Página/12* y encarcelamiento de directivos de C5N. Es cierto que el uso de los medios públicos pareció menos partidista con Macri. No los necesitaba. La mejor defensa de su gobierno estuvo a cargo de la prensa "independiente". No eran periodistas "militantes" ni "678". ¿Pero es necesario que, aun con las excepciones del caso, escuchemos los cuatro años de decenas de amables entrevistas, escándalos omitidos y columnas concesivas mientras la economía se derrumbaba y los servicios arrasaban?

La imposibilidad de alguna autocrítica en la prensa hoy es aún más difícil. Primero porque se achicó esa supuesta independencia, si alguna vez la hubo. Y segundo porque los grandes medios, cada vez más expuestos en las redes, ya ni siquiera aceptan el debate. Cualquier cuestionamiento, fue dicho, es tomado como un "ataque a la libertad de expresión". Así volvieron a interpretarlo unos trescientos colegas en una solicitada en julio de 2020. No se referían a los descubrimientos de periodistas espiados en el gobierno de Macri. Se referían al gobierno recién iniciado de Alberto Fernández. Al clima tenso porque una investigación judicial descubría supuestos nexos entre periodistas y servicios de inteligencia. A esa primera solicitada, respondimos con otra solicitada más de dos mil colegas de todo el país. Negamos persecuciones, dijimos que los periodistas no teníamos privilegios ante la ley y afirmamos que la libertad de expresión (no de prensa) le pertenece a la gente, no es exclusiva de los medios. La primera solicitada tuvo amplia difusión. La segunda fue omitida por los dos principales diarios del país. Difícil debatir en esas condiciones.

La expresión "cuarto poder" ("si es cuarto no es poder", ironizó alguna vez David Viñas) alimentó el lado más arrogante de la prensa. Puede resultar menor, pero siempre recuerdo la anécdota del periodista (no lo cito porque perdí los papeles, pero no la memoria) que había criticado a Fernando de la Rúa diciéndole que era un "presidente autista". Días después, un padre envió una carta al diario. Le pidió al periodista que fuera más cuidadoso, porque él tenía un hijo autista y había aprendido mucho de ese niño. El periodista, muy erudito, le respondió fiel a su estilo, buscando apoyo con reflexiones de académicos, autores de renombre y diccionarios. Que decirle "autista" a un político, explicaba entonces el periodista, no era necesariamente despectivo hacia quienes sufren ese trastorno. El padre se dirigió otra vez al periodista. "Simplemente –decía la nueva carta– le había escrito para ver si usted se disculpaba".

En Brasil se empobreció tanto la calidad democrática durante el mandato del presidente Jair Bolsonaro que *Folha*, de San Pablo, principal diario del país, inició una serie de artículos para recordarle a sus lectores lo que significaba una dictadura. La serie, eso sí, comenzó con un mea culpa: el propio *Folha* aceptando que apoyó el golpe de Estado de 1964. A horas de entregar este texto, leo justamente en *Folha* que finalmente se caen por falta de prueba judicial acusaciones centrales del caso *Lava Jato*, del "arrepentido" ex ministro de Hacienda Antonio Palocci, que en su momento precipitaron la caída del Partido de los Trabajadores (PT) en Brasil. La forista Leda Silva le recordó a *Folha* que el propio diario dio en su momento amplia difusión a esas denuncias y que "como en el '64", apoyó así un nuevo "golpe", en este caso "contra Dilma Rousseff y Lula", que facilitó el arribo al poder de Jair Bolsonaro. Silva remató con una pregunta: "¿Salvará todo *Folha* con una nueva autocrítica?".

En buena parte del Primer Mundo, una vez destapado el escándalo, tenemos al menos ejemplos de disculpas, investigación interna y sanciones. Aquí, en cambio, lejos de disculpas o autocrítica, hay temas que siguen siendo absoluto tabú, por ejemplo, Papel Prensa y el rol de los grandes medios durante la dictadura. En estos tiempos, investigaciones judiciales desnudaron vínculos delicados de periodistas excesivamente pegados y funcionales a servicios de información. Lo que llamamos "operaciones". Ya no el presidente ni la fuente que mienten a sabiendas. ¿También miente el propio periodista? Y todo sigue como si nada. Peor aún, se omiten las denuncias, se protege al colega procesado por un juez (caso Daniel Santoro en *Clarín*) y las entidades de siempre emiten los comunicados de siempre: "Nuevo ataque a la libertad de prensa". Curioso:

en tapa, el diario afirma que no hay libertad de prensa, pero esa misma tapa incluye cinco titulares y tres columnistas todos críticos hacia el gobierno. Y así uno y otro día. Ya casi ningún diario (tal vez *Perfil* sea una excepción) conserva la sección más pluralista de "Opinión", que incluía firmas de pensamiento opuesto. Y si alguno de los columnistas habituales se desvía de la línea oficial es lapidado en las redes por los nuevos dictadores del rating que marcan qué es noticia y qué es importante. Un porcentaje ampliamente mayoritario de los espacios de prensa, en TV, radio y gráfica, son opositores hoy al gobierno de Alberto Fernández. No es serio sostener que peligra la libertad de prensa en la Argentina. "En privado –me dijo una vez un especialista–, la prensa independiente le dice al gobierno de turno: 'cuidado, miren que nosotros creamos a la opinión pública'. Pero luego, cuando la discusión toma estado público, esa misma prensa afirma que 'representa' a la opinión pública". ¿"Crea" o "representa"? ¿Defiende el "interés público" o influye para lograr que algo sea "interesante para el público"? ¿Por qué sorprenderse luego de que en nuestro país apenas un 33 por ciento confíe en las noticias que consume, como lo indicó un informe de la agencia Reuters a mediados de 2020?

No soy ingenuo. Es obvio que todos los gobiernos, aquí y también en muchos otros países, buscan controlar a la prensa. Y que la batalla es inevitable, porque la prensa suele buscar aquello que el poder prefiere ocultar. Y que, en medio de ese barro, la búsqueda de la información no llega limpia. Las fuentes no son inocentes. Suelen ser interesadas y no tienen por qué contar la verdad. Muchas veces tenemos que revolver en la basura. Por eso el apodo mítico que el presidente de Estados Unidos Theodore Roosevelt puso en 1906 a los periodistas que, según él, solo buscaban la mugre de su gobierno. Los llamó "*Muckrakers*", algo así como "hombres del rastrillo". Eran tiempos en los que David Graham Phillips denunciaba en *Cosmopolitan* a los políticos controlados por John Rockefeller "principal expoliador del pueblo americano". O Lincoln Steffens publicaba en *McClure's* otra serie de corrupción municipal en Nueva York, Washington y más ciudades. O Ida Tarbell y sus diecisiete notas sobre el monopolio y extorsiones de la Standard Oil. Bancos, salud, alimentación, trabajo infantil, viviendas indignas explotadas por la iglesia y hasta miserias del periodismo. La era *Muckraker* no dejó tema sin tocar. Cuenta Vicente Campos en su fabuloso libro "¡Extra, extra!" que los periodistas *Muckraker* aspiraban a contar la verdad. "Ingenuamente, porque la verdad –añadió Campos– depende de quién manda".

El mismo libro recuerda que ya en 1883, un ex editor de *The New York Times*, John Swinton, dijo en pleno banquete que era "una estupidez" brindar por la prensa independiente y describió de modo impiadoso al oficio: "Somos prostitutas intelectuales. Herramientas y lacayos de los ricos". En 1925 murió Frank Andrew Munsey, uno de los editores más importantes de Nueva York. William Allen White lo despidió con una necrológica inolvidable. "Frank Munsey ha muerto. Ha dado al periodismo de su época el talento de un chacinero, la ética de un usurero y el estilo de un sepulturero. Él y sus semejantes han conseguido prácticamente transformar una noble profesión en una inversión al ocho por ciento". En su formidable libro "Las máquinas de la información" (1975), Ben Bagdikian, ex ombudsman en *The New York Times*, afirmó que la prensa privilegió siempre su combate contra la corrupción apuntando a delincuentes circunstanciales para ignorar en cambio las manipulaciones del verdadero poder económico. Bagdikian habló de "la influencia que ejercen sobre las noticias" propietarios de periódicos "con grandes intereses financieros ajenos al periodismo". Y dijo entonces que "tratar de ser un reportero de primera clase en un periódico medio norteamericano es como interpretar La Pasión de San Mateo, de Bach, con un ukelele: el instrumento es demasiado tosco para la obra, para el público y para el intérprete".

El caso *Watergate*, el escándalo de espionaje político de 1972 en Estados Unidos que provocó la caída del presidente Richard Nixon, marcó un antes y un después. El periodista como superhéroe. La revista *New Yorker* ironizó esos días en tapa que Superman se disfrazaba de Clark Kent y que era el periodista el que salía volando a combatir la corrupción. Y en el mismo *Washington Post*, David

Broden pidió prudencia. "Seamos modestos –escribió– porque tenemos muchos motivos para serlo". La prensa aprovechó el boom. La Argentina tuvo sus tiempos de periodista-superhéroe en los años ochenta y noventa. Las escuelas de periodismo explotaban. Iniciaba su ocaso el influyente Bernardo Neustadt. Sostén de la dictadura primero. Y de Carlos Menem luego. "Sanguchito", definió una vez Diego Maradona a Neustadt. "Siempre cerca de la torta". Esa cercanía con el poder, político pero ante todo económico, amagó seguir en la TV con la figura de Daniel Hadad. Una historia sobre Hadad (de traiciones entre propios, acumulación de dinero y de vínculos con militares pro dictadura y con el poder, CIA incluida) fue contada en un libro que sufrió censura, al punto que fue levantada su presentación en plena Feria del Libro de 2004. El libro, escrito por Javier Romero y Romina Manguel, se llama "Vale todo". Hadad es hoy un empresario exitoso de medios. Pero el boom del periodismo de aquellos años no tenía justamente como superhéroe a Neustadt o Hadad, sino al Jorge Lanata de *Página/12*, el mismo Lanata que desde hace años es periodista bandera del Grupo Clarín.

A los nuevos tiempos del show de la información no le alcanza con un solo periodista superhéroe. Ahora tenemos una Legión de Superhéroes. Cuando en 1978 comencé a ganarme la vida como periodista firmar un artículo era para pocos. Tampoco foto, claro. El periodista, salvo casos muy excepcionales, no era la noticia. Hoy es normal que la opinión de un periodista –famoso o no– sea titular noticioso en los portales más importantes. "Jonatan Viale (¿o Juanita Viale?) afirmó que el presidente es autoritario", dice el titular. ¿Y la noticia? ¿Cuál es la noticia? La noticia es que un periodista o una animadora opina. Viale o el que sea. Y su opinión resuena como verdad. Opina un día de política y al otro día de gatillo fácil. Y de salud: entrevistando al médico que dice falsedades fácilmente comprobables sobre la pandemia o aconsejando, por un punto de rating, curas milagrosas que pueden ser mortales. "Somos especialistas a los ojos del neófito –me dijo un viejo profesor– y neófitos a los ojos del especialista". Pero tenemos periodistas-presidentes, periodistas-sociólogos, periodistas-jueces y periodistas científicos. Y, aunque de eso no se habla, tenemos también periodistas desocupados. Miles en los últimos años. "Las redacciones –me dice un colega– pasaron a ser reducciones". Son redacciones precarizadas que, además, compiten carreras a cada minuto para ver quién llega primero. (Y si es mentira no importa. Lo importante será desmentir rápido, otra vez primero). Pocos países tienen tantos canales de veinticuatro horas de noticias como Argentina. Un bombardeo insoportable. La web, es cierto, quitó el monopolio de la palabra a los grandes medios y abrió espacios a muchos colegas. Hoy se puede escribir en más lados, inclusive en el propio blog. Desde esa perspectiva, la industria ha crecido. A costa de una precarización altísima, invisible para la sociedad.

¿Y el deporte? ¿No me convocaron a este libro para hablar del periodismo deportivo? ¿Acaso el periodismo deportivo debería ser muy diferente del resto? El periodismo deportivo –suele decirse con razón– opina con el diario del lunes. Acomoda su opinión al resultado. ¿Es muy diferente el resto del periodismo? Antes, para desnudar contradicciones y oportunismos, se recurría a archivos de años atrás. Ya no es necesario. Basta, muchas veces, ver el archivo del día anterior. El deporte-espectáculo fue siempre algo más que juego. Comenzó siendo de pocos y para pocos. Los primeros magnates de prensa advirtieron rápidamente que la pasión del deporte servía para vender más diarios. William Randolph Hearst (el Ciudadano Kane de la era *Muckracker* que también alimentó odio racial y defendió intereses propios) cuadruplicó las páginas deportivas y pagó 45000 dólares al campeón de boxeo Jack Dempsey para que publicara artículos firmados. Dempsey representaba al campeón supuestamente apolítico, superficial y renovable. Ideal para vender rating y zapatillas. El periodismo deportivo quedó etiquetado como una especie de "periodismo menor", pese a textos y autores brillantes y a la escuela que fue aquí en su momento la revista El Gráfico, luego devaluada, hasta su cierre definitivo. Mejor entretener y no informar. Y fingir severidad para discutir si fue offside o no. O si Boca o River.

Más de un siglo después, el deporte, además de juego, pasión, identidad y pertenencia, también es negocio y política. Y muchas cosas más. El Ciudadano Kane del siglo XX se llama Rupert Murdoch, acusado en Gran Bretaña de escuchar conversaciones privadas de poderosos para extorsionar con sus diarios y así lograr que el poder lo beneficie con nuevos negocios. Mejor tenerlo de socio que de enemigo. Murdoch es el dueño de buena parte de los goles de todo el mundo. Creó canales de pago para repetirlos durante las veinticuatro horas. Toda la semana. Competidores incluidos. Esos goles han ayudado a construir imperios de prensa. Por supuesto que hubo y hay grandes periodistas en el deporte. Y documentales y libros notables. Pero domina el periodismo-bufón. Resultadista y moralista. Y acomodado al poder ahora que al deporte aterrizan dineros de todos los colores, que ayudan inclusive a impulsar presidentes de la nación. Ese modelo del periodismo deportivo entretenedor terminó siendo acaso pionero. Inspiró a gran cantidad de programas políticos similares que vemos ahora en la tele. Y también a un periodismo gráfico que se alimenta de clics, y sin necesidad de rigor, porque el impacto importa mucho más que la verdad. La prensa, toda, parecida al programa deportivo que se llamaba Tribuna Caliente. Sus protagonistas, al menos, fingían mejor. No hablaban de "independencia".

Escribo hace más de cuarenta años intentando no subestimar ni sobreestimar jamás al lector u oyente. En *La Nación*, en *Página /12* o en *Olé*. En Radio Belgrano en tiempos del alfonsinismo (le decían "Radio Belgrado") o en Radio de la Ciudad en pleno macrismo. En documentales de TV. En semanarios. En agencias de noticias nacionales e internacionales. Y en diarios de Estados Unidos, España, Italia o Brasil. Aprendí de Dante Panzeri que el periodista no puede pretender ser dueño del medio en el que escribe y tampoco elegir dónde escribir, pero sí ser dueño de lo que firma. Y aprendí también que el mejor currículum ("¿y a vos quién te paga?") son los recibos de sueldo, allí donde todo puede estar más claro. Me gusta siempre citar una buena película de Ken Loach: "Mi nombre es todo lo que tengo". Esta breve descripción sobre mi actividad laboral, disculpe lector, es para decir que, cuando escribo o hablo de ninguna manera estoy representando al medio en el que trabajo. Hablo siempre a título personal. Ni objetivo ni independiente. Sí personal. Como lo hice ahora aquí. Y, como Tecé, preguntándome también "para qué carajo sirve la prensa".

Decir o no decir

Leila Guerriero

En 2016, la Coordinadora de ONG para el Desarrollo (que integra a cuatrocientas organizaciones, entre las que se cuentan ONG y coordinadoras autonómicas en cien países distintos) me invitó a un encuentro en Madrid, al que asistieron miembros de varias organizaciones no gubernamentales y periodistas de distintos medios para discutir y reflexionar acerca de la Agenda 2030 para el Desarrollo Sostenible, aprobada en septiembre de 2015 en una cumbre de las Naciones Unidas. La Agenda se plantea objetivos de desarrollo sostenible cuyo fin es el de terminar con la pobreza, reducir la desigualdad y luchar contra el cambio climático. Esperaban que les dijera cómo los periodistas podíamos narrar un tema tan abstracto como ese sin caer en clichés, tópicos o cientificismos incomprensibles. O sea: cómo podíamos hacerlo bien.

Los "17 Objetivos de Desarrollo Sostenible con 169 metas conexas, de carácter integrado e indivisible" proponen, y cito más o menos literalmente, un mundo sin pobreza, hambre, enfermedades, privaciones ni violencia, en el que la alfabetización, la salud, el acceso al agua potable y los alimentos sean universales, donde se respeten los derechos humanos y los niños crezcan libres de la violencia y la explotación, y las mujeres y niñas gocen de plena igualdad entre géneros; un mundo en el que cada país disfrute de un crecimiento económico inclusivo y sostenible, y en el que el desarrollo y la aplicación de las tecnologías respeten el clima y la biodiversidad. Puesto así suena a la promesa que nos hace el mercachifle de la esquina cuando nos quiere vender un líquido que tanto sirve para quitar los rayones del auto como para reparar paredes, desinfectar heridas, rizarse el pelo, limpiarle el trasero al bebé y lavar los platos: demasiado bueno para ser verdad.

Por lo tanto, aterrizar ese contenido en historias concretas tiene sentido porque, en la base del oficio periodístico, está la operación de decodificar una realidad compleja y llevarla a los lectores para que se asqueen, se maravillen u opinen exactamente lo contrario, pero jamás para que les resulte indiferente. Sin embargo, y en particular en temas relacionados con todos esos asuntos, es lo que a menudo sucede: los lectores dedican una atención distraída. Y no es tan difícil entender por qué.

Antes de seguir, conviene recordar que el periodismo no es una herramienta de evangelización ni un órgano de propaganda y que, en todo caso, cuando pierde su mirada crítica, deja de ser periodismo. Y esa es la parte difícil, porque implica abandonar una orilla muy confortable y segura que se llama corrección política y con la que este oficio debería llevarse a patadas.

Hace algunos años, el periodista norteamericano Jon Lee Anderson, que ha cubierto cientos de escenarios de conflicto en diversas partes del mundo, dijo durante una entrevista con el diario *La Nación* de Buenos Aires: "Ser víctima no es ninguna virtud. Hay muchos periodistas que, a mi juicio, pecan al tratar de crear virtud en la víctima. (…) Es una estrategia narrativa que esconde una actitud de condescendencia. Por ejemplo, supongamos que debemos contar la historia de una mujer violada. Ella me da mucha pena, pero eso no la hace buena. ¿O qué ocurriría si esa mujer violada es una persona difícil, moralmente compleja y cuestionable? ¿Entonces ya deja de ser una víctima, solo porque no puedo mostrarla como alguien virtuoso?".

Para contar la Agenda 2030 habrá que encarnar cada uno de sus puntos en historias concretas: reportajes sobre sitios horripilantemente pobres, sobre fulanos y fulanas que viven ahogados por la contaminación del basural de turno, pero nada de todo eso debería hacerse transformando a las víctimas en seres angelicales. ¿Por qué necesitamos que, además de sufrir, la gente sea buena? ¿Las personas infieles, los niños viles, los hombres mentirosos no sufren la contaminación? ¿Una campesina africana que se muere de hambre solo merece que la humanidad le preste atención si pasa un examen de ética y moral? En su libro Contra el cambio, el periodista argentino Martín Caparrós dice cosas como esta: "´Responsabilidad social´ es un término curioso: ser responsable significa aceptar que uno ha hecho algo de cuyos efectos debe hacerse cargo. Hacerse cargo, en este caso, implica pagar —poco— con programas de ayuda para compensar a esa sociedad por la que la empresa se siente responsable. La responsabilidad social se mide en dinero y, sobre todo, en penitencia pública: he hecho algún daño, pero miren, lo asumo y lo pago, soy bueno, soy responsable de mis actos. (…) Como no hay nada peor visto en las sociedades occidentales contemporáneas que ese descuido de la naturaleza, las corporaciones gastan fortunas en mostrarse más ecololós que nadie. Lo cual debería poner a muchos ecologistas en algún tipo de problema: si yo digo lo mismo que la Exxon, ¿quién estará equivocado, yo o la Exxon?". Uno puede, o no, estar de acuerdo con ese párrafo, pero la saludable insolencia que rezuma oficia, también, como un recordatorio de lo que está en la base de nuestro oficio: para contar cualquier historia hay que estar dispuestos a mirar al sesgo, a pensar en contra y a discutir cualquier convicción, ajena o propia.

Decía, párrafos atrás, que los lectores suelen dedicar una atención distraída a los asuntos que trata la agenda, y que no era tan difícil entender por qué. Supongamos que alguien quiere escribir una historia que transmita clara y argumentadamente la idea de que este piso que pisamos no es una cornucopia inagotable de riquezas sino una cárcel de fuego, barro y oxígeno girando a treinta kilómetros por segundo alrededor del Sol y que, en algún momento, si no tenemos cuidado, cerrará sus viejas mandíbulas cansadas en torno a nuestros cuellos. Supongamos, después, que ese alguien escribe esto: "Existe una relación directa entre el calentamiento global o cambio climático y el aumento de las emisiones de gases de efecto invernadero provocadas por las sociedades humanas tanto industrializadas como en desarrollo. El nivel de emisiones de dióxido de carbono ha aumentado un 31%; el metano un 145% y el óxido nitroso un 15%. La atmósfera está recibiendo otros gases que no existían: clorofuorcarbonados y compuestos perfluorados". Puedo entender que quien lea ese párrafo piense "Qué barbaridad", cierre el periódico y treinta segundos después esté paseando a su perro, sin recordar ni media frase de lo que acaba de leer porque nada de todo eso le ha resultado amenazante. Porque ni una sola de todas esas palabras le ha hecho pensar: "Esto tiene que ver conmigo".

Los comunicados institucionales están repletos de términos como "empoderamiento", "objetivos de desarrollo sostenible", "viabilidad", "formulación de indicadores". Esas palabras son buenas para eso: para los comunicados institucionales. La ONU, la OIT, la OMS, tienen un lenguaje propio, un esperanto hecho con siglas y vocablos que han sido limados en todas sus aristas hasta perder cualquier aspereza, cualquier capacidad de ofensa. Así, en ese lenguaje paralelo, un negro es una persona de color; un paralítico una persona con capacidades diferentes; un gordo una persona con sobrepeso; una mujer golpeada una víctima de violencia de género. Ese es el problema con las ONG: que son educadísimas y que, además, no ven nada antiestético en palabras tan feas como empoderamiento ni nada artificioso en frases como "Participación activa de todos los actores implicados para garantizar la apropiación de la Agenda". Esas palabras y frases son efectivas y necesarias para delinear territorios de investigación y sentar definiciones políticas, pero, trasladadas a la escritura periodística, levantan un muro de indiferencia entre quien lee y la realidad que se quiere narrar. No solo no conmueven, sino que, por el contrario, tranquilizan. Detrás del término femicidio hay una mujer violada hasta la tumefacción y descuartizada por su marido, y detrás de la expresión "violencia de género" hay mujeres a las que les arrancan los ojos y a quienes queman con ácido, pero, envuelta en el hojaldre bonachón de palabras que no dicen nada, la realidad llega al lector desactivada, sumergida en hectolitros de líquido anestésico.

Y en la escritura periodística no solo importa lo que se dice, sino cómo se dice. Porque en la escritura periodística la estética es una moral.

Leo frases sueltas, relacionadas con la agenda 2030, que dicen cosas como "complemento fundamental de los esfuerzos que realizan los países para movilizar recursos públicos a nivel interno", "ejecución de las estrategias y los programas de acción pertinentes", "transferencia de tecnologías ecológicamente racionales". Y recuerdo *El placer del texto*, de Roland Barthes, donde dice: "El texto que usted escribe debe probarme que me desea. Esa prueba existe: es la escritura. La escritura es esto: la ciencia de los goces del lenguaje, su Kama Sutra». Si asumimos que Barthes tiene razón, me pregunto cuál es el Kama Sutra de frases como "complemento fundamental de los esfuerzos que realizan los países" o de "transferencias de tecnologías ecológicamente racionales".

El periodista español Juan Cruz Ruiz dice, citando a Eugenio Scalfari, fundador y director del diario *La Republicca*, de Italia, que "periodista es gente que le dice a la gente lo que le pasa a la gente". Y a la gente no le pasa nada como "falta de acceso a la educación": a la gente le pasa que firma con una cruz un contrato que no puede leer, porque no sabe hacerlo, y, sin darse cuenta, le cede los derechos del terreno donde vive desde hace décadas a una corporación multinacional que quiere construir allí un shopping.

Hay un informe de la ONU que habla del hambre. Dice: "Alrededor de setecientos noventa y cinco millones de personas no disponen de alimentos suficientes para llevar una vida saludable y activa. La gran mayoría de hambrientos vive en países en desarrollo, donde el 12,9% de la población está subalimentada. En África subsahariana, las proyecciones para el periodo 2014-2016 indican una tasa de desnutrición de casi 23%. La nutrición deficiente provoca casi la mitad (45%) de las muertes de niños menores de cinco años. En el mundo en desarrollo, sesenta y seis millones de niños en edad de asistir a la escuela primaria acuden a clase hambrientos, veintitrés millones de ellos solo en África". Y hay un fragmento del libro *Contra el cambio*, de Martín Caparrós, que habla de una mujer nigeriana:

"La familia de Mariama come, si puede, tres veces por día: al alba, la bola hecha con mijo molido largamente en el mortero de madera, mezclada con un poco de leche o agua; al mediodía, la misma bola o una sopa de agua caliente con harina de mijo. La cena, al caer la noche, es la comida más elaborada: una pasta de mijo o de maíz con una salsa hecha de hojas de baobab o gombo o lo que haya". Y hay otro fragmento del libro *El hambre*, también de Martín Caparrós, que dice: "Si usted se toma el trabajo de leer este libro, si usted se entusiasma y lo lee en –digamos– ocho horas, en ese lapso se habrán muerto de hambre unas ocho mil personas: son muchas ocho mil personas. Si usted no se toma ese trabajo esas personas se habrán muerto igual, pero usted tendrá la suerte de no haberse enterado. O sea que, probablemente, usted prefiera no leer este libro. Quizás yo haría lo mismo. Es mejor, en general, no saber quiénes son, ni cómo ni por qué. (Pero usted sí leyó este breve párrafo en medio minuto; sepa que en ese tiempo solo se murieron de hambre entre ocho y diez personas en el mundo –y respire aliviado–)".

El informe de la ONU es exhaustivo y transmite los datos con toda seriedad. Pero el libro de Caparrós incendia esos datos hasta volverlos una zarza ardiente, incómoda, insoportable.

Hace unos años fui a Zimbabwe, un país con unas estadísticas que parecen remitidas directamente desde el sillón del diablo. El 90% de sus doce millones de habitantes no tiene empleo, el 80% no tiene qué comer y el 20% está infectado por el virus del VIH, que mata a dos mil quinientas personas por mes. Yo fui allí a contar esa epidemia, y quería que el lector entendiera de manera contundente lo que había detrás de esa cifra: un país que se está quedando sin hombres y sin personas jóvenes, donde los viejos crían a los hijos de sus hijos muertos que, a su vez, están infectados por el virus que mató a sus padres y que, como ellos, seguramente morirán. Necesitaba transmitir el peso de esa aniquilación, de esa tierra arrasada, y decidí tomar entonces el testimonio de una mujer que vivía en el campo, en una choza sin electricidad y sin agua, junto a su pequeña nieta infectada de VIH. Todos sus hijos habían muerto y la mujer me llevó a visitar sus tumbas, que estaban a pocos metros de la choza. El texto empezaba así:

> Cuando el primero de sus hijos murió, MaNgwengya ya vivía en Nkunzi, cerca de Tsholotsho, oeste de Zimbabwe, a la vera de un camino de árboles espinosos y bajo un cielo de reptiles. La vida siempre había sido eso que llaman una vida dura: acarrear agua, confiar en las esquivas lluvias, comer maní tostado como toda cena. Por eso, cuando el primero de sus hijos murió, MaNgwengya lloró mucho pero no vio en eso un tarascón de la desgracia: porque esas cosas pasan en las vidas duras. Lo enterró a metros de su casa, en el mismo sitio en que había enterrado a su marido: bajo un monte de espinos y eucaliptus, bajo la tierra, bajo un túmulo de piedras que los vecinos le ayudaron a acarrear. Cuando el segundo de sus hijos murió, MaNgwengya lloró mucho pero volvió a pensar que esas cosas pasan en las vidas duras y lo enterró a metros de su casa, bajo el monte de espinos y eucaliptus, bajo la tierra, bajo un túmulo de piedras que los vecinos le ayudaron a acarrear. Cuando el tercero de sus hijos murió, MaNgwengya lloró mucho, lo enterró a metros de su casa, bajo el monte de espinos y eucaliptus, bajo la tierra, bajo un túmulo de piedras que los vecinos le ayudaron a acarrear. Cuando la cuarta de sus hijos murió, en 2010, MaNgwengya se dijo que ya no tenía nada que perder porque todos los nacidos de su vientre estaban muertos. Pero después supo que la única sobreviviente a esa masacre, su nieta Nkaniyso, de diecisiete años, portaba el mismo mal que había aniquilado a su simiente: un virus del género lentivirus que mata, en su país, a dos mil quinientas personas por mes.

Las estadísticas importan, los datos importan, los detalles técnicos importan, pero si queremos que esas estadísticas y esos datos y esos detalles técnicos cuenten una historia que deje, en los lectores, el rastro que deja un texto inolvidable, hay que huir de las miradas burocráticas y de las prosas embalsamadas.

La Organización Mundial de la Salud (OMS) dice que algunos países de América Latina y el Caribe tienen las tasas de homicidio más altas, y estima que en 2012 hubo 28,5 homicidios por 100.000 habitantes, más del cuádruple de la tasa mundial. La OMS llama a eso "violencia interpersonal". En 2015 edité un libro llamado *Los malos* que contenía diecisiete perfiles de seres siniestros de América Latina: pandilleros, policías siniestros, torturadores, íncubos perfectos. El periodista salvadoreño Óscar Martínez escribió para ese libro el perfil de El Niño, un ex miembro de la mara Salvatrucha, y narró de esta manera el momento en que El Niño torturaba a un marero traidor llamado El Caballo.

Para quien quiera imaginarse el sadismo del que es capaz un pandillero —escribe Óscar Martínez—, basta decir que El Caballo, tras media hora de torturas, murió sin ningún tatuaje en el cuerpo, sin orejas ni brazos ni piernas, y sin corazón. Cuando era solo un tronco, y exhalaba lo último que le quedaba de vida entre ronquidos y silbidos suaves, le suplicó a El Niño.

—Ya, *homeboy*, deme un bombazo en la cabeza.

—¿Y a vos quién te ha dicho que nosotros somos tus *homeboy*? Te vas a morir como la Bestia manda —dice El Niño que fue su respuesta.

Durante algunos minutos más, con la afilada hoja de un machete, siguieron torturando a aquel pedazo humano, hundiendo el filo delicadamente al costado de su hígado. Cuando todo terminó, el corazón de El Caballo estaba en la mano derecha de El Niño (...).

Supongo que podríamos decir que se trata de un ejemplo muy claro de lo que la OMS llama "violencia interpersonal", y que ilustra muy bien cuáles son los verdaderos alcances de esos dos términos tan serenos.

Los informes informan, pero no tocan; dicen, pero no dañan; mencionan, pero no muestran. Las cifras sin encarnar son solo cifras y las grandes palabras son grandes palabras vacías de contenido que leemos sin leer. ¿Cuántas veces se han publicado frases como "el horror de Chernóbil", "la tragedia de Chernóbil", "la ignominia de Chernóbil"? En 1997 una mujer llamada Svetlana Aleksiévich publicó un libro, *Voces de Chernóbil*, que contiene testimonios de víctimas y familiares de víctimas de la explosión que tuvo lugar en 1986 en esa central nuclear. En el libro, el horror late como un feto maligno, entonando una canción de tumba dedicada a todos nosotros, habitantes de la era nuclear aposentados en nuestra buena salud, libres de que se nos caiga la cara a pedazos por efectos de la radiación. En él, la mujer de uno de los bomberos que acudieron a la central a apagar el incendio cuenta la agonía y la muerte de su marido:

> Empezó a cambiar. Cada día me encontraba con una persona diferente a la del día anterior. Las quemaduras le salían hacia afuera. Aparecían en la boca, en la lengua, en las mejillas. Primero eran pequeñas llagas, pero luego fueron creciendo. Las mucosas se le caían a capas, como si fueran unas películas blancas. El color de la cara, y del cuerpo… azul… rojo, de un gris parduzco. Y, sin embargo, todo en él era tan mío, ¡tan querido! (…) Justo nos acabábamos de casar. Aún no nos habíamos saciado el uno del otro. (…) Tenía el cuerpo entero deshecho. Todo él era una llaga sanguinolenta. En el hospital, en los últimos dos días, le levantaba la mano y el hueso se le movía, le bailaba, se le había separado la carne. Le salían por la boca pedacitos de pulmón, de hígado. Se ahogaba en sus propias vísceras. Me envolvía la mano con una gasa y la introducía en su boca para sacarle todo aquello de adentro.

No hay en ese fragmento estadísticas, no hay datos técnicos, no hay palabras complejas. Hay una mujer que cuenta cómo se le deshizo entre los dedos el cuerpo del hombre que amaba y cómo, mientras lo veía agonizar, no podía hacer otra cosa que ayudarlo a escupir sus propias vísceras. En la diferencia radical que existe entre ese fragmento y una frase hueca como "la tragedia de Chernóbil" vive el verdadero periodismo.

A lo largo de todo 2016 trabajé en la edición de un libro que reúne crónicas acerca de diversos proyectos de innovación propiciados por el Banco Interamericano de Desarrollo (BID) en varios países de América Latina: Colombia, Ecuador, Perú. El BID me envió los resúmenes con los datos de cada proyecto, y el del caso peruano decía así: "Con el proyecto se buscó el desarrollo de un equipo capaz de leer y procesar automáticamente las placas MODS, a través de técnicas de reconocimiento de patrones y de un sistema en línea que permita el análisis y el procesamiento de imágenes de los cultivos".

Traducido: un grupo de científicos peruanos desarrolló un kit para detectar tuberculosis en quince segundos cuando antes había que esperar meses. Juan Manuel Robles, periodista y escritor de ese país, escribió ese texto, que se titula *"Mirko Zimic contra los bacilos mutantes"* y dice así:

> Al consultorio del Dr. Somocurcio se llega en un ascensor viejo de esos que nunca paran exactamente al nivel del piso. Es un edificio gris del centro de Lima. Salvo por bocinazos furiosos que se escuchan a lo lejos, el lugar está lleno de calma, con ese aire de abandonada majestad que dan las losetas blancas pulidas por décadas de pasos. El cirujano José Somocurcio aparece desde el fondo del pasillo y se dirige a su despacho. Saluda sin ceremonia. Va al grano. Se sienta en su escritorio, donde hay una computadora, y en ella abre carpetas que contienen fotografías de lo que hace en el quirófano.
>
> Son fotos horribles: su trabajo es rebanar pulmones enfermos.
>
> (…) cortar un pedazo de pulmón para quitar las partes invadidas por la bacteria de la tuberculosis es una operación dificilísima. Son necesarias seis, siete, a veces ocho horas en la mesa de operaciones (…) pues la materia que ha hecho necrosis se pegotea a la carne y hay que "meterse" a separar los tejidos. La enfermedad hace huecos en el pulmón y allí adentro, en esas cavernas oscurísimas, vive el bacilo: "Las cavidades son su santuario", dice Somocurcio (…)
>
> —La tuberculosis normal no es un problema, se trata con medicinas. Pero los casos que yo opero no son tuberculosis normales…
>
> Las tuberculosis que él trata son causadas por bacterias que pueden sobrevivir a los principales antibióticos descubiertos durante el siglo XX, y que contuvieron la enfermedad al punto de hacernos

creer que la habían vencido. Son cepas de la llamada tuberculosis multidrogo resistente (MDR, para los entendidos). Micobacterias mutantes, defectuosas en varios aspectos pero duras de matar. La bacteria de la tuberculosis –la versión clásica, digamos– es de por sí un organismo tenaz que asombró a biólogos de todas las épocas. "Si una bacteria es un soldado, la tuberculosis es un tanque", dice el médico infectólogo Alberto Mendoza, un experto en la materia. Es un "tanque", entre otras cosas, por el blindaje que crea su pared celular gruesa y grasosa –que los antibióticos comunes no pueden atravesar–, y su lentísimo proceso de reproducción: un huésped no invitado que encima es fresco, vive de tu organismo y se toma todo el tiempo que le da la vida. Cuando la cepa resiste los antibióticos (cuando es MDR), avanza al fondo, y en el camino produce una reacción biológica compleja que destruye la carne, ensancha irreversiblemente los bronquios y causa hemorragias violentas que hacen salir por la boca una sangre rojísima (…). La tuberculosis común puede curarse en seis meses; la MDR requiere un tratamiento de por lo menos dos años. Pero si no se detecta a tiempo, la infección puede avanzar y causar lesiones permanentes en el pulmón. Allí interviene Somocurcio con sus cuchillos. Al ver las fotos de su archivo personal –carne podrida, carne con orificios redondísimos, como los de los quesos– queda claro que su operación no es agradable ni constructiva. Es, simplemente, lo único que queda. (…) Según los registros del Ministerio de Salud, en 1996 el Perú tenía algo más de cien pacientes de MDR. Para el 2005, había alcanzado casi dos mil setecientos casos al año (…) Esa coyuntura fue el germen de una lucha silenciosa: decenas de científicos peruanos buscaron nuevas formas de combatir esa mutación recia. (…) Porque lo que se venía pintaba muy feo, y eran necesarias estrategias, fármacos y metodologías que no siempre estarían a la mano. Sin los recursos de las naciones desarrolladas, tuvieron que ser creativos. La de Mirko Zimic y su equipo es una de esas historias.

Robles no escribió sobre placas MODS y técnicas de reconocimiento de patrones, sino sobre investigadores que, como Ulises internándose en la caverna del cíclope, eran gente apenas provista de conocimiento e ingenio enfrentándose a una fuerza milenaria de potencia demencial. Cuando terminé de editar ese texto, la tuberculosis ya no era para mí una enfermedad del siglo XIX acerca de la que había leído en novelas como *La montaña mágica*, sino algo que podía pasarme a mí y, a mi alrededor, el aire empezó a parecerme más peligroso. ¿Cuántas noticias lee uno acerca de la tuberculosis? Seguramente muchas. Yo, sin embargo, solo recuerdo el texto de Robles porque fue el que me contó la tuberculosis por primera vez.

Y eso, ni más ni menos, es escribir: tener la ambición, desmesurada y mesiánica, de contar lo que sea –Chernóbil, la tuberculosis, el hambre– como si nunca nadie lo hubiera contado antes. Sin esa ambición, desmesurada y mesiánica, la escritura no existe.

En 1963, en Washington, ante más de doscientas mil personas que marchaban en pro de los derechos civiles de los negros, Martin Luther King famosamente dijo: «Yo tengo un sueño. Sueño que un día, en las rojas colinas de Georgia, los hijos de los antiguos esclavos y los hijos de los antiguos dueños de esclavos se puedan sentar juntos a la mesa de la hermandad. (…) ¡Hoy tengo un sueño! Sueño que un día, el estado de Alabama, cuyo gobernador escupe frases de interposición entre las razas y anulación de los negros, se convierta en un sitio donde los niños y niñas negros puedan unir sus manos con las de los niños y niñas blancos y caminar unidos, como hermanos y hermanas".

Son palabras simples, pero llevan más de medio siglo rodando por el gastado lomo de esta tierra. Y eso sucede porque son palabras que están tremendamente vivas. Y si las palabras que escribimos están tremendamente vivas quizás no hagan que el mundo sea un lugar mejor, quizás no hagan que las cosas cambien, pero alguna vez alzarán su mirada terrible y mirarán a un lector a los ojos y le dirán lo que tengan que decir. No podemos saber qué hará el lector con eso. Pero escribir es, también, habitar ese riesgo.

Memorias de una joven promesa

Graciela Mochkofsky

No sé muy bien de qué se trata cuando, a los ocho años de edad y en la remota villa patagónica de Planicie Banderita, encuentro en mí la vocación de periodista. Muchos años más tarde intentaré entender de dónde, por qué. Chocaré contra la perplejidad de mi padre ingeniero y de mi madre bioquímica: no tienen explicación que darme. No la hay. Solo hay algunos recuerdos:

Publico una revista propia, *El Club de los Castores*. Recorto textos e imágenes de *Anteojito* y de *Billiken* y los pego en unas hojas. También escribo artículos originales: mi abuela recordará que un día pedí permiso a mamá para entrevistar a los bomberos.

Deposito una copia en cada una de las cuatrocientas puertas de Planicie Banderita. Se me ocurre ofrecer números para una rifa. Todos los compradores reciben una suscripción a la revista y el ganador se lleva una torta que cocina mi mamá.

Papá me regala un micro grabador con micro casetes que se puede llevar en el bolsillo y con el que grabo conversaciones; una Olivetti portátil con funda azul cerúleo, y paneles de madera terciada con los que construimos una redacción en el jardín. Le pido prestada su Polaroid y compongo mi primer libro. Título: Mi familia. Cada página contiene una biografía de uno de nosotros: papá, mamá, mis tres hermanos, yo. Al final hay una galería de fotos. No conecto todavía esta inexplicada vocación con una ocupación de adulto. Anoto: «Cuando sea grande, no sé qué voy a ser».

Los fines de semana, subimos al Ford Falcon y viajamos sesenta y cinco kilómetros sobre ripio hasta la ciudad de Neuquén. La primera parada es la librería Siringa. Compramos diccionarios, libros de ciencia y enciclopedias del Universo, del cuerpo humano, del centro de la Tierra. Es toda la no-ficción que puedo conseguir.

* * *

Diez años y cuatro provincias más tarde, estoy en Córdoba. Cada mañana atravieso la ciudad y entro en un mundo desconocido: la escuela de periodismo de la Universidad Nacional. Cada mañana dejo atrás el suburbio acomodado que bien podría ser una isla, la discoteca, la obsesión por la ropa, los rugbiers. Después de cinco años viviendo allí, casi no conozco el resto de la ciudad.

En la Universidad Nacional hablan un idioma nuevo, que a duras penas logro descifrar. Hablan, por ejemplo, de política: de no pagar la deuda externa, del orden mundial de la comunicación, de la salida de la hiperinflación y la caída de Alfonsín. Se leen unas fotocopias. Sus autores son Adorno, Horkheimer, Benjamin, Van Dijk, McLuhan. Y unos libros: de Cortázar, de Olvierio Girondo, de Tomás Eloy Martínez. Se recitan leyendas sobre periodistas que en el pasado hicieron temblar a presidentes. Se imposta cierto cinismo: parece que así son los periodistas que hacen temblar a presidentes. Se cuenta un chiste: un editor pide a un periodista una columna sobre Dios y este responde: "¿A favor o en contra?". Hay que reírse.

Se venera a *Página/12*, el diario que hace temblar a los presidentes del momento. Me dicen que es independiente y crítico, que es de izquierda, que está comprometido con la democracia y los movimientos defensores de los Derechos Humanos fundados por familiares de las víctimas de la dictadura militar. Que tiene el carácter narrativo del nuevo periodismo norteamericano y la opinión política de los diarios europeos. En los pasillos leemos con devoción las columnas de sus periodistas, que idolatramos, sus investigaciones sobre la corrupción en el gobierno de Carlos Menem. Se reverencia la portada en blanco con que informa sobre los indultos que da

Menem a los militares condenados unos años antes por crímenes que más tarde llamaremos "de lesa humanidad".

No hay un oficio más fascinante que el de periodista y no hay personajes más románticos que los periodistas. Un periodista es bohemio, fumador, noctámbulo, quizás alcohólico, lector y escritor, algo aventurero, comprometido, dispuesto a dar la vida, escéptico, cínico, inmensamente idealista. Pasa las tardes largando frases ingeniosas, hablando de asuntos importantes, tomando café con la gente más interesante y obligando a los ministros a renunciar desde la redacción de *Página/12*.

¿Qué puede ser mejor?

Allá voy.

Me mudo a Buenos Aires y entro en *Página/12* en abril de 1991. Tengo veintiún años. El periodismo argentino, diremos después, vive una edad dorada que durará casi una década. Los argentinos, por estos tiempos, aman a los periodistas. Les creen más que a nadie: que al presidente (aunque es fácil, porque él mismo ha dicho que mintió en todo para ganar las elecciones); que a los jueces (aunque tampoco es difícil, porque un ministro le ha escrito a otro, en una servilleta, la lista de los que fueron comprados por el Gobierno); que a los sindicalistas (aunque quién le cree a los sindicalistas); que a los obispos (que antes fueron cómplices de los militares y ahora de Menem); que a los profesores (porque la educación está en crisis y hundiéndose por las políticas neoliberales).

Todas las encuestas de opinión lo confirman: los periodistas son héroes. Todos quieren ser periodistas. Yo ya lo soy –¡y en *Página/12*!–. Me vanaglorio en público, pero en secreto no puedo creer mi buena suerte. Sí, cobramos poco, pasamos horas encerrados en una oficina horrible y sin ventanas, y apenas si hay presupuesto para ir a los lugares en los que ocurren las cosas, pero qué importa.

Por ejemplo, han matado a seis personas en un campo de General Villegas; la dueña, su hijo, su novio, un linyera y dos peones. ¡Me asignan el caso! Es una oportunidad extraordinaria, aterradora. De algo así, Truman Capote sacó *A sangre fría*. Y ahora yo. Paso la noche releyendo *A sangre fría*. A la madrugada ya estoy en el andén de Retiro, lista para recorrer los cuatrocientos sesenta y seis kilómetros. Llevo un bolso con ropa, un cepillo de dientes y unos pocos pesos. Subo con el fotógrafo al micro que eligió la empleada de administración del diario. Pregunto impaciente al chofer a qué hora llegaremos a destino. Calculo estar allí al mediodía, con tiempo para descubrir al culpable y escribir mi primer gran artículo. El chofer me contesta que este ómnibus se detiene en cada pueblo y pueblito que hay en la pampa que separa a Buenos Aires de Villegas. Con suerte, dice, llegaremos a media tarde.

¿Con suerte? ¿Cuál suerte? Nos han comprado el pasaje más barato, nos han montado al lechero. Voy a perder la competencia con los otros diarios antes siquiera de empezar. El micro ya sale de Retiro. No hay celulares todavía –o, más bien, no los hay para cualquiera–. No puedo preguntarle a nadie, tengo que decidir por mí misma. ¿Qué hago? ¿Qué haría Truman Capote?

El ómnibus avanza por la ruta. Con el fotógrafo hacemos cuentas: ¿Cuánto dinero tenemos entre los dos? Nos bajamos en el primer pueblo. Unos taxis pintados de blanco languidecen en una calle lateral. ¿Cuánto cobran hasta Villegas? Ida solamente, y en tiempo récord. Mostramos lo que tenemos, lo que podemos pagar. Un taxista acepta. Nos despedimos del colectivo y subimos al Peugeot 504 que toma una curva, sube a la ruta, avanza trescientos metros, se sacude con una tos convulsa, empieza a echar humo por delante y se detiene.

El taxista baja a revisar y vuelve con el diagnóstico: el motor está fundido. Jamás llegaremos.

Mi primera cobertura como enviada especial ya está arruinada –y por cuestiones logísticas–. Ya vislumbro un fracaso mayor, definitivo: soy otra de las tantas promesas del periodismo que jamás llegaron a cumplirse. Seguro que los periodistas de *Clarín* ya están en Villegas, con su auto de alquiler, resolviendo el crimen que *yo* estaba destinada a resolver.

No, no puede ser, no puede terminar así. Me cuelgo el bolso al hombro, cruzo una mirada con el fotógrafo y me paro a un costado de la ruta con un brazo en el aire y el pulgar levantado. Después de un rato, una pick up pintada de azul se detiene. Adónde, pregunta el chacarero.

Periodistas de *Página/12*, séxtuple crimen, misterio, premura, General Villegas, taxi fundido, el diario de mañana. Arriba, responde el chacarero.

Nos deja en la puerta misma de la estancia.

Entramos en la escena del crimen con el sol todavía alto. Disfrutamos la cara de fastidio del cronista de *Clarín*, que ha llegado horas antes en su auto alquilado y creía que tenía a los policías para él solo. Consigo información; el fotógrafo, las imágenes. Luego, porque ya somos capaces de todo, también conseguimos que alguien nos lleve a la ciudad, que una pensión barata nos alquile dos cuartos, que alguien más me preste papel y una máquina de escribir, y que una última persona me ceda su teléfono para dictar, palabra por palabra, el artículo que llega en tiempo justo para el cierre.

Días más tarde regresaré a Buenos Aires triunfal, sin haber resuelto el caso, como tampoco lo ha resuelto la policía ni lo ha resuelto nadie hasta hoy, veintiocho años más tarde.

* * *

Estamos orgullosos de ser de *Página/12*. Nos gusta el temblor en la voz de los funcionarios cuando les decimos de dónde estamos llamando. Proclamamos por todas partes lo que somos: periodistas de *Página/12*. Nos duele cuando alguien no nos comenta lo que escribimos hoy, pero nos decimos que es un reaccionario o vive de espaldas a la realidad, que se conforma con la igualdad artificial del peso con el dólar y los electrodomésticos en cuotas.

Aquí no importan las jerarquías ni la antigüedad. Si trae la información, el más principiante tiene las mismas chances que el más veterano de conseguir la primera plana y de ser tratado como una estrella. Al menos hasta la próxima edición.

Si todos los periodistas fuimos, somos y seremos hijos del medio y del momento en que nacimos a la profesión, yo soy hija de *Página/12* y de esos años noventa.

Son los años del surgimiento y consolidación de CNN, el primer canal mundial de noticias de veinticuatro horas, que comienza por transmitir en vivo la caída del Muro de Berlín. A su imagen pero no exactamente semejanza, nacen poco después en Argentina los canales de noticias por cable. Comienza la era de los multimedios; los medios se convierten en grandes corporaciones, o las grandes corporaciones comienzan a comprar también a los medios, y a facturar cifras multimillonarias nunca vistas en la historia del periodismo.

En la Argentina, el diario *Clarín* compra canales de televisión abierta y por cable, compra empresas de telefonía celular y seguros de jubilación, produce espectáculos e invierte en casi todo, amasa un enorme poder.

Las redacciones se modernizan. Entran los primeros faxes (montar el de *Página/12* lleva un día entero de arduas pruebas). Los cronistas de radio comienzan a ir a las conferencias de prensa con unos celulares grises del tamaño de un zapato; los envidiamos. Pronto, los tendremos los demás.

Llegan a las redacciones las primeras computadoras. Los viejos periodistas se niegan a entregar sus máquinas de escribir. Los demás vivimos la excitación de una epopeya.

Pero algo pasa.

Es 1995. Mi cuarto año en el diario. Estoy en la sección Sociedad, cubriendo casos policiales, judiciales, desastres naturales, violencia y pobreza. Ya no recuerdo a la que fui en mis vidas pasadas, solo hay esta: de la mañana a la noche en la calle, hablando con testigos, víctimas, victimarios, funcionarios, personajes comunes y extraños, en el vasto territorio del Gran Buenos Aires y ocasionalmente más allá. Fumo, leo, tomo whisky, escribo, estoy entre gente interesante. He llegado.

Entonces, circula un rumor terrible: dicen que *Clarín* ha comprado en secreto *Página/12*. Esto significa que *Página/12* ya no será independiente, que la competencia lo ha absorbido para… ¿qué?

Ambas partes lo desmienten, pero el rumor coincide con el ingreso de un nuevo administrador y de un contador que antes trabajaba en *Clarín*, y con un enorme ajuste de gastos y de personal. En una redacción pequeña que siempre sentimos como una familia, una mañana nos anuncian que han despedido a casi cien compañeros. Parece imposible, insoportable. Hacemos huelga durante cuarenta días. El diario se publica en una versión empobrecida que alimentan los jefes.

El sábado anterior a la reelección del presidente Menem, que en la redacción (y en muchas otras partes del país, pero evidentemente no tantas) se siente como una derrota personal, la empresa logra la intervención del Gobierno y tenemos que levantar la huelga –o entrar en la ilegalidad–.

Un día antes, en el acto final de la protesta, un grupo de nosotros hace un piquete frente a la puerta para impedir que nadie entre, para impedir que el diario salga. Hay forcejeos. Los jefes, prudentes, se van al café de la esquina. Nosotros nos repartimos en los demás, bebemos, discutimos. Sabemos que es el final.

Por la mañana, un subeditor que quiere a toda costa que lo odien hace un *dribbling*, empuja y logra atravesar el piquete. Pasa el día entero solo en la redacción vacía, donde suenan teléfonos que solo él atiende y a la que llegan faxes que solo él lee.

El lunes, todo comenzará de nuevo. La redacción volverá a llenarse, los teléfonos serán atendidos. Habrá un vacío del que algunos hablarán y otros ya no, pero que todos sentirán.

En medio del conflicto, me avisan que gané una plaza en la maestría de periodismo de la Universidad de Columbia, en Nueva York. Tal vez es un buen momento para irme por un año. Convenzo a mis padres de vender el pequeño departamento que habito en Buenos Aires y uso el dinero para pagar el viaje, la matrícula y la estadía.

Columbia, me han dicho, tiene la mejor escuela de periodismo del mundo. Es, tal como lo veo, la cuna del periodismo riguroso, honesto, independiente, crítico y vigilante del poder que quería imponerse en las redacciones argentinas en esos, mis años de formación. En *Página/12*, los jóvenes repartíamos nuestra admiración entre la generación de periodistas argentinos de los años sesenta y setenta (algunos de cuyos sobrevivientes trabajaban con nosotros) y norteamericanos como Bob Woodward y Carl Bernstein, quienes habían terminado con la presidencia de Richard Nixon en los años setenta (¿qué mayor logro podía esperar un periodista que hacer renunciar a un presidente que engañaba a su país?). Citábamos a *Primera Plana* y a *La Opinión* como nuestros grandes modelos nacionales, pero al *New York Times*, al *Washington Post*, al *Wall Street Journal* o al *New Yorker* –incluso si no los leíamos– como a los mejores del mundo. Leíamos a la generación del Nuevo Periodismo, a Capote, Talese, Mailer, que, mezclados con las tradiciones locales (de inspiración europea), habían ayudado a moldear un estilo muy propio de *Página/12* y que yo había adoptado hasta donde había podido: un periodismo narrativo de espíritu crítico y mordaz.

Allá voy.

* * *

Es mi primer día en Columbia. La decana nos reúne en un gran salón y nos dice que somos especiales, integrantes de una élite, los mejores de nuestra generación, herederos de una tradición honorable; que el éxito de nuestra inversión (muchos se han endeudado por años para estar aquí) está garantizado.

Aprendo muchas lecciones en ese año de escaso sueño, presión permanente y competencia feroz. En uno de los primeros ejercicios, el profesor nos provee datos sobre un caso: un alcalde detenido como sospechoso en un crimen. Tenemos que escribir un texto seco e informativo como un cable de agencia. Nos precipitamos sobre las máquinas.

Mientras tecleamos con desesperación en nuestras computadoras portátiles —me la compré apenas llegar—, el profesor nos respira en la nuca. Cuando pasa por mi escritorio, se detiene en seco. Para impresionarlo, he decidido insertar detalles narrativos, como hacía en Buenos Aires: he agregado, por ejemplo, que el alcalde ha pasado la noche en vela en su celda.

El profesor se escandaliza: ¿Cómo puedo saber si el alcalde ha dormido o no? Nadie ha mencionado ese detalle, no tengo fuente alguna. ¡Tengo que dejar mi imaginación fuera de la sala! Comienzo a dudar de todo lo que he hecho hasta entonces –y de lo que otros han hecho, de cómo trabajamos–. De qué había entendido que era el periodismo.

En Columbia, los estudiantes soñamos con desafiar al poder, o publicar grandes historias sobre temas importantes, o ser corresponsales de guerra. Vienen a hablarnos las figuras del momento, los últimos ganadores del Pulitzer, los enviados a Burundi y Sarajevo. Cuando a mi clase de *Reporting and Writing* viene David Remnick, ganador de un Pulitzer por su cobertura de la caída de la Unión Soviética y que todavía no ha sido nombrado director de *The New Yorker* (la "mejor revista del mundo"), hay un instante de temor reverencial, como si a la sala hubiera entrado un dios –pero un dios al que todos allí aspiran a reemplazar en un futuro no muy lejano–.

Y cuando los dioses no vienen a nosotros, nosotros vamos a por ellos. Una mañana nos citan en el *Wall Street Journal* para desayunar con Paul Steiger, su director. Comprendo pronto que hasta ahora no he tenido una percepción clara sobre el poder de un gran periódico. Steiger no es como los editores de diario que he conocido en la Argentina, al fin y al cabo periodistas asalariados con años de experiencia. No, Steiger parece un aristócrata, un presidente, una figura poderosa y lejana. Y el edificio, el salón, es propio de una corporación multimillonaria, no ese galpón de *Página/12* iluminado por luces de neón que llamamos el "submarino". ¿Ser periodista es, entonces, ser parte de este nuevo poder?

Sobre el final del desayuno, Steiger se acerca porque le han dicho que soy argentina y quiere darme un ejemplar del *Wall Street Journal Americas*, una selección de artículos en español que están promocionando en esos días. Estoy en la cima del mundo. Y yo, todos nosotros, podemos quedarnos aquí si trabajamos duro y entendemos las reglas.

Aunque hay excepciones. Cada tanto llegan, como ecos lejanos, historias de fracasos, de periodistas del *New York Times* amargados porque con suerte publican una historia insignificante por mes y ahogan en whisky su frustración el resto de los días. Las desestimamos con suficiencia. No, a nosotros nunca nos pasará algo así.

En la última semana antes de la graduación, Columbia monta una feria de empleo: editores de todo el país vienen a entrevistarnos. Mis compañeros sueñan con trabajar en Nueva York, pero saben que deberán aceptar lo que encuentren en ciudades menores, Saratoga o Charlotte, e ir subiendo esforzadamente (o por golpes de suerte) en la cadena hasta llegar a destino. Yo falto a mis entrevistas. He decidido volver a la Argentina, tengo aún mi puesto en *Página/12* y mucho para aplicar allí. Tengo la idea de hacer grandes historias en el estilo de lo que los norteamericanos llaman *features*, y se me ocurre que desde Buenos Aires puedo imaginar una obra con proyección internacional, tal vez un libro.

Imagino que Buenos Aires será Nueva York.

* * *

Página/12 ya no es el mismo. Muchos editores y redactores se han ido; otros se irán. Pero, sobre todo, lo que se marchó con aquellos primeros despedidos fue algo indefinible, algo que le daba sentido a todo, que nos daba un sentido.

Me concentro en cubrir casos policiales cuando puedo –todavía estoy en la sección Sociedad–, pero ya imagino otra cosa. Escribo el segundo libro de mi vida, una investigación sobre un resonante escándalo que mezcla drogas y política, en equipo con Gabriel Pasquini, con quien vivo desde la huelga del noventa y cinco y que desde entonces será mi editor y mi marido. Es la historia de cómo un juez y un grupo de policías tendieron una trampa al manager de Diego Maradona, Guillermo Cóppola, incriminándolo como traficante para obtener notoriedad y rédito político. Pero lo que la historia de verdad muestra es cómo es posible fraguar la justicia con la protección de la política... y de los medios.

La sociedad ha condenado a Cóppola por anticipado, quiere hacerlo culpable de los desastres personales de su representado, el ídolo popular, y no quiere escuchar sobre su inocencia. Y muchos medios y periodistas, los mismos que serán consagrados al año siguiente como héroes cuando sea asesinado el fotógrafo José

Luis Cabezas tras retratar a un empresario ligado al poder, dan lo que pide su audiencia. Yo misma recibo preguntas nerviosas de los editores cuando mi cobertura insiste en mostrar que el caso contra Cóppola es un montaje. Descubro que cuando la verdad no es la que la audiencia espera, cuando es incómoda, tampoco a los medios les interesa.

Esta también es una verdad incómoda. Por ahora.

Busco un escape para mi insatisfacción con el diario, una transición hasta descubrir cómo irme. Encuentro un nuevo proyecto: investigar la vida de Jacobo Timerman, un legendario y controvertido editor que contribuyó a modernizar la prensa argentina de los años sesenta y setenta, material de infinitas anécdotas que yo me he cansado de escuchar en boca de los veteranos.

A poco de iniciarlo, surge la oportunidad de pasar a *La Nación,* que en muchos sentidos es el exacto opuesto de *Página/12:* un diario de más de cien años, fundado por un ex presidente, vocero de la élite social y las grandes empresas tradicionales del país por origen, conformación accionaria y vocación. Un medio conservador que se dice también liberal aunque solo parece serlo en la economía, y que apoyó a la última dictadura militar y todavía expresa su simpatía o su defensa por los militares –aunque empieza a reconocer, a regañadientes, sus crímenes–, así como a modernizar un lenguaje y un modus operandi rígido y antiguo, cuyos practicantes definían en lemas como este: «Sabemos todo, pero no publicamos nada».

La Nación ambiciona cambiar, modernizarse según el ideal norteamericano. Una de las familias descendientes de Mitre ha tomado el control accionario. Son los Saguier, una madre y cuatro hijos. Fernán, que ha sido corresponsal en Washington, se convierte en secretario general. Los Saguier buscan periodistas formados en *Página/12,* y muchos –llegamos a contar diecinueve– nos sumamos a sus secciones "calientes": política, economía, información general. Se forma incluso un equipo de investigación, al que se suma Gabriel, y al que alientan a imaginarse como el *Washington Post.*

Estas ambiciones de renovación conviven con los viejos editores y parte de la vieja audiencia, que no comparten los mismos valores.

Y esto a su vez nos exige mayor rigor: nuestra información debe ser intachable, debemos librar peleas cada día para que se le dé a nuestros artículos un lugar destacado. Ya no hay espacio para los sobreentendidos ni las licencias de *Página/12*. Es un buen desafío, que amenaza con resultar en mejor periodismo.

Además, *La Nación* tiene todos los recursos de un gran diario. Cuando uno llama desde allí, del otro lado casi siempre atienden.

Consigo el mejor puesto posible: cubro la llegada al poder de la Alianza y del presidente Fernando de la Rúa. Si me preguntan qué otra cosa quisiera hacer, respondo: ninguna. No concibo mi vida fuera de una redacción. Tengo todo el futuro planeado: seré la principal columnista política del país y haciendo eso, feliz, moriré.

Pero no resulta tan fácil.

—Esto que escribiste —me dice una noche un editor, con mi artículo del día todo subrayado sobre su escritorio— es impecable. Yo mismo confirmé con las fuentes que la información es verídica. —Y agrega, terminante: —no lo vuelvas a hacer.

Otro día, para convencerme de que mi voz crítica ya cae pesada: —Tenés que ser capaz de ver un pájaro bello y describirlo.

Sin darme cuenta al comienzo, estoy aprendiendo cómo funcionan las cosas de verdad. Como cronista del diario, investigo cada día a los principales jugadores de la vida política y de la prensa que son mis contemporáneos mientras, como biógrafa de Timerman, reconstruyo la historia del mismo juego en el medio siglo precedente. En algunos momentos afortunados, obtengo una claridad que pocas veces se consigue cuando uno está inmerso en la pura acción: la de conectar el pasado y el presente del periodismo y del país.

En esos momentos de lucidez vislumbro mi error. Lo que creo que es, o más bien debería ser, no se compadece con lo que ocurre cada día. Una parte importante de mi trabajo cotidiano consiste en una pulseada, no ya con aquellos que, desde el poder, quieren impedir que se conozcan ciertas acciones y planes que esperan mantener ocultos, sino con mis editores, que esperan que mis artículos encajen en la visión menos crítica del diario y que sopesan la información según los intereses editoriales del momento.

Me digo que mi trabajo consiste en una doble batalla: con las fuentes, para conseguir la información más veraz posible, y con los editores, para lograr que sea publicada sin distorsiones. Gano muchas batallas, pierdo otras. En mi balance personal, llevo más ganado que perdido, por lo que me digo que vale la pena. Veo en esa doble batalla una suerte de épica profesional.

* * *

La crisis que desembocará en ese diciembre de 2001 arrasa con la clase política, el modelo económico, una buena porción de la clase media y mucho más, y cobra también su precio a los medios y los periodistas. Los diarios pierden avisadores drásticamente y, al tiempo que las deudas multimillonarias acumuladas durante su expansión de la década anterior se mantienen en dólares, sus ingresos en pesos se reducen en un tercio, en 2002, por la devaluación de la moneda. El que debía cien millones de dólares por la moderna planta impresora conseguida en los años de riqueza sigue debiendo cien millones de dólares; pero, por cada peso-dólar que antes obtenía de la publicidad privada y oficial y de las ventas, ahora solo recibe treinta centavos.

Los dueños de los medios entran en pánico. Ante la perspectiva de caer en la quiebra, o de ser comprados por sus acreedores, recurren al Gobierno, a los bancos, a otros empresarios, y comienzan negociaciones para "salvar" a los medios. Naturalmente, no hay que molestar a quienes se les pide ayuda. En las redacciones se cancelan las investigaciones y la crítica, salvo contra quienes no tienen poder alguno.

Durante una marcha de desempleados, la policía asesina a dos jóvenes, Darío Santillán y Maximiliano Kosteki. Los fotógrafos enviados por los diarios tienen las pruebas de lo ocurrido. Pero el gobierno de Eduardo Duhalde, que ha llegado sin legitimidad popular gracias un acuerdo entre políticos para salir de la crisis, pide a los diarios que no se hable de "represión" y preanuncia el final de su mandato. Los diarios –salvo *Página/12*– deciden no publicar las fotos. (La realidad los obligará a hacerlo un par de días después).

Para los periodistas que no nos hemos vuelto cínicos, es una época deprimente.

No puedo negar, además, que no es algo excepcional en la historia del periodismo argentino. El mismo ciclo ha ocurrido muchas veces antes. Aunque un abismo parece separar los años de Timerman de este presente –su época fue la de la dominación militar del espacio político; esta es la segunda década de democracia estable–, ciertos mecanismos y reacciones siguen funcionando del mismo modo. Hasta ciertos protagonistas son los mismos.

Tal vez no hay otra cosa.

Tal vez esto es simplemente así, siempre ha sido así.

Tal vez he vivido equivocada, tal vez me engañé.

Tal vez es hora de dejar.

El país parece hacerse eco de lo que pienso. Duhalde se retira y, por una serie irrepetible de circunstancias, logra la Presidencia el casi desconocido Néstor Kirchner, quien cree que los medios moldean su contenido solamente según sus intereses económicos y políticos, que no existe espacio alguno para un periodismo "independiente", o incluso veraz. Que no hay periodismo: solo hay medios.

Como otros políticos, pero con la diferencia de que no tiene temor a proclamarlo en público en cuanta ocasión se le presenta, divide a la prensa en amiga y enemiga. El principal enemigo es *La Nación*, a la que solo da información en determinadas ocasiones y a la que ataca en público como integrante de la oposición y vocera de grandes intereses económicos.

En el lugar de aliado ubica al Grupo Clarín. Le da absoluta prioridad en el acceso a primicias, entrevistas y toda información que le interesa difundir, y mantiene una conversación permanente con Héctor Magnetto, CEO y uno de los principales accionistas del Grupo, con quien negocia acuerdos que benefician a *Clarín* y también discute sobre la situación del país y el rumbo del Gobierno.

Los periodistas ven cambiar las reglas del juego. En los noventa, los funcionarios se sentían obligados a recibirlos, a dar explicaciones (aunque fueran falsas), a proclamar su respeto por la libertad de prensa mientras intentaban por detrás limitar el daño: es decir, mostraban su respeto por lo que consideraban el poder de los periodistas y los medios. Ahora, el Gobierno habla con unas empresas y otras no, y desprecia en público a los periodistas que son de las empresas enemigas. A estos no se los recibe –ni siquiera se les atiende el teléfono–. Los medios, aunque no les gusta, aceptan el juego.

Decepcionada, renuncio a *La Nación* en 2003. Al poco tiempo, se publica *Timerman*, que me ha llevado casi seis años de trabajo. Busco refugio en los libros –comienzo a trabajar, casi en simultáneo, en los dos siguientes– mientras intento descubrir cómo mantener mi relación con el periodismo.

Durante los siguientes cinco años, Gabriel y yo llevamos una vida de escritores –él ha renunciado a *La Nación* antes que yo–, pero comenzamos a soñar con fundar un medio propio: el medio en el que queremos trabajar. Diseñamos proyectos, tenemos reuniones, averiguamos costos, redactamos planes de negocios. Y siempre chocamos contra la misma pared: hace falta una gran inversión de dinero, el dinero requiere un financista, y el financista trae una agenda, límites y propósitos que condicionan la posibilidad de hacer periodismo, que no puede hacerse sin dinero…

¿Cómo hacer periodismo sin un medio? ¿Cómo hacer periodismo en un medio?

En ese dilema estamos cuando surge la posibilidad de volver a los Estados Unidos: gano una *fellowship* para periodistas de la Nieman Foundation, en la Universidad de Harvard. La beca Nieman, que se otorga cada año a una veintena de periodistas con experiencia, la mitad norteamericanos y el resto de todas partes del mundo, fue creada en 1937. La viuda de un periodista donó una fortuna para que Harvard creara una escuela de periodismo, y la universidad –que quería el dinero– no creía que el periodismo fuera algo merecedor de una carrera entera. La solución fue crear un programa que pagara a los periodistas para que tomaran clases ya existentes y se codearan con una de las más importantes élites académicas del mundo.

Año tras año, los elegidos se inscriben con reverencia en los cursos más diversos: filosofía, literatura, ciencia, música, religión, oratoria, leyes, arte, salud pública, negocios, política, historia, arquitectura, diseño, urbanismo, la fascinante oferta de Harvard. Se supone que utilizarán lo que sepan a su regreso al trabajo.

A poco de comenzar el ciclo, se hace evidente que mi clase será diferente de las anteriores. Mis compañeros norteamericanos comienzan con entusiasmo, pero pronto caen víctimas de la ansiedad y la depresión. Cada día se anuncia una nueva ola de despidos en sus redacciones. Son cuatrocientos, no, quinientos periodistas esta vez; alguien llamó: se habla de echar más, incluso del cierre. Dorothy se entera de que su diario, el centenario *Seattle Post Intelligencer*, del que era columnista, ha clausurado su edición en papel para convertirse en una pequeña redacción online en la que ella no tendrá lugar. Informan a David que el *Chicago Tribune* se ha declarado en quiebra. Algunos reciben ofertas de irse "voluntariamente" a cambio de una compensación, o la advertencia de que a su regreso los espera, con suerte, la incertidumbre.

Todas las semanas asistimos a charlas de colegas, empresarios de los medios, expertos académicos y gurúes varios que coinciden en un mismo diagnóstico: la gratuidad, la velocidad, la infinita posibilidad de reproducción y distribución y el masivo acceso de Internet han destruido el monopolio que tenían los medios de comunicación, por lo que su "modelo de negocios" (oiremos tantas veces estas tres palabras en los años por seguir que parecerá que encierran la clave misma del periodismo) se ha acabado y no hay reemplazo. Un artículo de modas, una importante cobertura internacional o una crónica de guerra pueden costar fortunas, pero, una vez colgadas en internet, su precio tiende a cero y compite, a veces en desventaja, con videos o posteos colgados por gente de todo el mundo que jamás soñó con ser periodista, que jamás tuvo un Club de los Castores ni hizo dedo para averiguar quién mató a una familia en General Villegas.

En Columbia, en 1995, había recibido la primera señal, pero ninguno de nosotros se había dado cuenta. La universidad nos había dado la que para la mayoría era la primera casilla de email. Todos pasamos por el curso de Reporteo Asistido por Computadora, que no considerábamos, ni por lejos, lo más excitante del año.

No lo sabíamos, pero éramos una generación que se preparaba a nivel olímpico para una competencia cuya naturaleza y cuyas reglas cambiarían por completo cuando llegáramos a la edad de pelear por los primeros puestos. Como si durante años nos hubiéramos estado entrenando para romper el récord de los cien metros llanos para atletas elegidos y de pronto nos dijeran que, en cambio, debíamos correr una carrera de embolsados abierta a todo el que quisiera participar.

Esa es la terrible noticia: ya no nos necesitan.

Eric Alterman escribe en *The New Yorker* otra frase que repetiremos en los días por venir: hay un "cambio de paradigma". Antes, una élite preparada detentaba la misión y el poder de obtener y procesar la información y de distribuirla entre un público mayormente pasivo; ahora, amplios colectivos aspiran a informarse mediante una continua "conversación" entre sus miembros. Advierte, también, sobre el peligro de que estas conversaciones ocurran en comunidades aisladas, que hablen consigo mismas y no más allá de las membranas de su burbuja.

Nos cae encima un aluvión de estadísticas. Según nuestros cálculos, casi uno de cada cinco periodistas que trabajaban en diarios en 2001 ha perdido su puesto, y es posible que 2009 sea todavía peor. En los canales de televisión, los equipos de noticias han sido reducidos "a niveles sin precedentes" y las ganancias han caído siete por ciento en un año electoral, "algo nunca antes visto". Once diarios metropolitanos han sido cerrados y ocho han pasado a publicarse exclusivamente online, o reducido al mínimo su existencia en papel desde marzo de 2007, según el sitio *Newspaper Death Watch*. La migración hacia Internet es cada vez mayor.

Los números parecen fríos y lejanos hasta que algo pasa en los correos que recibo de mis ex compañeros de Columbia. Durante años nos hemos mantenido al tanto de ascensos, corresponsalías, libros publicados, premios recibidos –Paul ha sido contratado por el New York Times para cubrir el sudeste asiático, como quería; Susan escribe desde México para una gran agencia de noticias; Julia produce documentales en Nueva York; otros escriben desde Sierra Leona, Afganistán, China, Madagascar–, y las ofertas de trabajo de aquellos que ya han alcanzado posiciones ejecutivas. Pero 2009 es distinto.

Amy anuncia que ha renunciado a su puesto de periodista de investigación televisiva para montar su negocio en Connecticut, con el que está haciendo buen dinero. ¿Un medio propio? No. Es gerente regional de una marca de cosmética suiza –una versión sofisticada de Avon–. Trabaja desde su casa y es feliz. Quiere que sepamos que si estamos "buscando un plan B en estos días" los cosméticos son una buena opción.

Le responde una avalancha de mensajes. ¿Conmiseración? ¿Condena? Todo lo contrario. Deena, desde Nueva Jersey, se define como "una de las últimas graduadas de la escuela de periodismo lo suficientemente ingenuas como para seguir trabajando en un periódico". Amy no está sola, afirma Deena: "Un número creciente de talentosos periodistas está dejando la profesión para seguir oportunidades mejor pagas y más excitantes. Tengo que admitir que una parte de mí se siente increíblemente inspirada por ello".

Norman anuncia que está a punto de crear una ONG y que lo mismo está haciendo Paul. Temima confiesa que le ha llevado mucho tiempo darse cuenta de que "estaba bien hacer otra cosa" que no fuera periodismo, pero que ahora es feliz dando clases de literatura inglesa y oratoria en una escuela secundaria. Ana Lisa cuenta que ha sido editora de grandes revistas de Nueva York y Los Ángeles durante doce años y que ha ayudado a lanzar nuevas publicaciones al mercado, pero que solo dos de esas revistas sobreviven y son, admite, "una porquería". Quienes siguen trabajando en ellas "están deprimidos y odian su trabajo más de lo que creían posible". Ella misma ha pasado más de un año desempleada. Ahora estudia para ser bibliotecaria, una carrera con un futuro laboral que –está convencida– el periodismo ya no ofrece.

Josh llegó a editor senior en *Entertainment Weekly*, donde hizo carrera a lo largo de doce años. Luego de publicar su primer libro, sin embargo, dio con el plan ideal para su vida: escribir libros y dar clases. "En la mañana que siguió a esa epifanía –cuenta–, la economía se fue a la mierda, y desde entonces tengo los nudillos blancos de aferrarme a mi trabajo y a mi sueldo".

Adam nos recuerda que poco después de la graduación fue contratado como asistente de producción por Fox News. En cinco años, llegó a productor senior. Luego pasó a otra cadena como productor de un programa de noticias en horario central. Pero cada día se sentía más infeliz en su trabajo, hasta que "se volvió dolorosamente claro que ya no quería producir noticias". De un día para el otro, renunció al periodismo e inició una nueva carrera como… comediante de stand-up.

En otra generación, estos relatos serían una expresión de la crisis de los cuarenta. En la mía, son los ecos de una estampida, esa estampida final, ciega, desesperada, a la que se lanza una especie en peligro de extinción.

* * *

En los años siguientes se hará claro que no se trata solo de los Estados Unidos. Aunque a diferente velocidad y en diferentes proporciones, el periodismo y los medios estarán en crisis en (casi) todas partes. Grandes conglomerados de los noventa comenzarán a crujir, o se derrumbarán, lisa y llanamente. Los grandes diarios ya no volverán a ver aquella cantidad inusitada de ceros en sus planillas de ganancias.

La realidad parece sugerir una solución a la contradicción entre la estructura empresarial de los medios y la aspiración de verdad del periodismo: los medios morirán.

También en Argentina parece derrumbarse el sistema.

A mediados de 2008, *Clarín* ha roto su alianza con el Gobierno y pierde los beneficios que le daba. Gobierna Cristina Fernández de Kirchner, quien ha sucedido a su marido. *Clarín* ha decidido, por razones tácticas y políticas, apoyar al sector enfrentado con el Gobierno en una pelea por imponer impuestos móviles a las exportaciones de soja y el Gobierno lo ve como una traición. Los Kirchner se dedican a atacar la credibilidad de su aliado previo, mientras intentan negociar un reencuentro en privado. En los actos de Gobierno hay carteles, globos y hasta medias que afirman: "*Clarín* miente".

Vuelvo a Buenos Aires a tiempo para las elecciones legislativas que pierde el gobierno de Cristina Kirchner. Una de las primeras imágenes del regreso es la cara desencajada de Néstor Kirchner en televisión, pasadas las dos de la madrugada del veintinueve de junio de 2009, aceptando, con espectacular reticencia, su derrota.

Pero en lugar de retroceder, los Kirchner deciden ir hacia delante, encontrar a los culpables y dar guerra a sus enemigos. Golpean a *Clarín* donde más le duele: en el bolsillo. Le quitan negocios millonarios, lo persiguen en la justicia, hacen aprobar una ley que lo obligará a desmembrar el Grupo.

Al radicalizar su enfrentamiento, por momentos con una retórica vieja y siempre con fines políticos más que inmediatos, los Kirchner se vuelven, de pronto, muy modernos: comienzan a hablar con la sociedad en forma directa, descartando abiertamente la intervención de los medios; descalificando con palabras y actos la mediación de esa élite de la que hablaba Eric Alterman en *The New Yorker*.

Y hablan mucho: Cristina tendrá períodos en los que se la podrá encontrar cada día en la televisión dando largos discursos por cadena nacional. Y luego en Twitter. Y luego en los espacios de publicidad oficial.

No está sola. Los políticos en todas partes del mundo descubren lo mismo. Presidentes tan distintos como Barack Obama, de Estados Unidos, o Hugo Chávez, de Venezuela, imponen su mensaje desde Twitter. En América Latina, el fenómeno adquiere tintes políticos y forma parte de una polarización ideológica, una división en comunidades con valores diferentes que no se oyen entre sí –como había advertido Alterman–. En países como Venezuela, Ecuador, Brasil, Bolivia y, por supuesto, Argentina, con muy distintos matices y por la combinación de procesos específicos, el enfrentamiento entre Gobiernos y medios es una batalla abierta.

En el fondo, los políticos hacen lo que siempre han hecho: intentar domesticar a los medios. Antes se hacía tras bambalinas; ahora, en medio de esta devaluación de nuestro rol histórico, se animan a hacerlo abiertamente.

¿Y nosotros? ¿Qué hacemos nosotros?

También los medios argentinos hacen lo que han hecho siempre. Si los acusan de formar parte de la oposición política y de ser voceros de grupos económicos, o los convocan a formar parte de la gran causa nacional y popular, pues ¡a cumplir con la tarea! A distorsionar los hechos, a forzar los titulares, a omitir y exagerar para mostrar que el Gobierno es un demonio o un dios, que la Argentina es el infierno o el paraíso, que vivimos en emergencia o en la mayor prosperidad. Su relato del país ya no es meramente irreal, sino que por momentos entra en el absurdo. Aparentemente ya no se teme quedar en ridículo.

Los opositores se hacen llamar "independientes". Los oficialistas se dicen "militantes". Hay ex colegas de *Página/12* en ambos bandos. Algunos se vuelven estrellas de la televisión oficial; otros, de la televisión contraria. Muchos periodistas se enlistan detrás de sus empresas como si estas fueran una causa sagrada.

Aquellos que miran con el viejo escepticismo que nos era propio a ambos bandos eligen, en su mayoría, el silencio. Temen que sus voces se pierdan en el griterío. Y también que detrás del ruido algo esté realmente cambiando, que hayamos perdido algo que ya no volverá: lo que éramos, o lo que creímos que éramos –o, más bien, aquello que soñábamos y nunca terminamos de ser–.

Muchos se van a trabajar en otra cosa.

¿Es esto todo?

¿El final?

No. Por algún motivo, algo nuevo empieza a surgir en todas partes. Incluso en países de América Latina que no parecen los más obvios para lanzarse a una aventura digital. Mi amiga Juanita León lanza en Bogotá *La Silla Vacía*, un sitio dedicado a informar y debatir sobre el poder en Colombia, sin las ataduras y compromisos de los medios tradicionales en los que se ha formado. El periodista de investigación peruano Gustavo Gorriti abre *IDL-Reporteros*, un sitio de investigación en el que se puede publicar lo que no se puede en los diarios de Lima. En El Salvador, el periódico digital *El Faro*, fundado más de una década antes, cuando en el país apenas si existían conexiones a internet por un grupo de periodistas jóvenes que tampoco encontraban espacio para contar lo que veían, comienza a ganar notoriedad por sus importantes investigaciones y grandes crónicas sobre la violencia.

Son periodistas que, como yo, han llegado a la profesión décadas atrás, han pasado por la experiencia de los grandes medios y su decepción, han vivido todas la crisis y todavía quieren algo, todavía esperan alcanzar algo que no se ha alcanzado.

Allá voy.

En marzo de 2010, después de dos semanas casi sin dormir en las que Gabriel, valiéndose de manuales online y de la ayuda de diseñadores y desarrolladores voluntarios, aprende suficiente lenguaje de programación de internet como para montar, diseñar y ajustar a nuestras necesidades, lanzamos una revista digital sobre cultura y política que llamamos *El puercoespín*. No sabemos todavía en qué va a convertirse. Pero sabemos qué queremos que sea: un medio en el que podamos reconocernos.

No tenemos más capital que nuestro trabajo y nuestro tiempo, y la ayuda de amigos de todo el mundo que aportan crónicas, ensayos, columnas y fotografía. Durante meses, nos dedicamos a experimentar. Gabriel termina de darle forma: una revista de renovación diaria que hace equilibrio entre textos y materiales propios y una curaduría o "agregación" de materiales elegidos de todo el mundo. Un medio, nos gusta pensar, en el que reunir historias —escritas, fotografiadas, grabadas o filmadas– en las que un antropólogo del futuro podría hallar algunas claves sobre nuestra época.

Durante cuatro años, *El puercoespín* no deja de crecer.

* * *

En esos años pasan muchas otras cosas: tenemos un hijo, damos clases de periodismo en la Di Tella, publico nuevos libros, Gabriel se vuelca a la ficción y sus novelas son finalistas de premios literarios.

Vuelve la inflación a la Argentina. El enfrentamiento político entre kirchnerismo y antikirchnerismo se traga el aire en cada espacio que respiramos, y hasta comprar un foquito de luz se vuelve un acto político. Este enfrentamiento divide a los periodistas a tal punto que se hace imposible cualquier conversación con sentido crítico y una cena de colegas tras otra terminan a los gritos o en silencio glacial. Ya no encuentro lugar.

En 2013, gano una beca de la Biblioteca Pública de Nueva York y volvemos a Estados Unidos. La idea es quedarnos solo un año, pero cuando el año se termina no logramos convencernos de volver. Quedarnos en Nueva York exige una fenomenal infraestructura: visa, permiso de trabajo, seguro médico, guardería, una estabilidad que no tenemos hace una década. Parece imposible.

Nos quedamos.

Año y medio más tarde consigo un trabajo en la universidad pública de Nueva York. Me contratan para fundar y dirigir la primera maestría de periodismo bilingüe. A justo veinte años de terminar mi maestría en Columbia, en un inesperado recorrido circular, me encuentro en Nueva York formando a nuevas generaciones de periodistas bilingües.

Mis estudiantes, un grupo diverso de latinoamericanos y latinos de los Estados Unidos (por lo general, primera o segunda generación inmigrante) no son como era yo a su edad: no fuman, no beben, no apelan al sarcasmo ni creen que el periodismo lleve a una vida de aventuras. La mayoría hace un sacrificio enorme para hacer la maestría: trabajan como mozos en restaurantes, como cajeras en supermercados, o hacen el turno de la noche en canales de televisión locales.

Son la generación del posderrumbe. Llegan a la línea de partida cuando otros 20000 periodistas han sido expulsados de la industria desde 2008 y solo un puñado de periódicos ha encontrado estabilidad financiera: el *New York Times* con su masivo sistema de membresías; el *Wall Street Journal*, con su temprano y exitoso muro de suscripciones; el *Washington Post*, propiedad de Jeff Bezos, el hombre más rico del mundo. La gran esperanza de la década anterior, los nativos digitales con audiencias masivas –*BuzzFeed*, *Vice*, *Vox*, *HuffPost*– tampoco han encontrado seguridad financiera y luchan por hacer dinero con la producción de noticias (Tampoco nosotros encontramos cómo sostener financieramente *El puercoespín*). Ciudades enteras se han quedado sin periodistas que las cubran: entre 2005 y 2020 desaparecieron más de un cuarto de los periódicos locales de los Estados Unidos.

Pero mis estudiantes no sienten nostalgia por el paradigma perdido. No esperan acomodarse a una industria que se desbarranca, ni aspiran a ser resignados empleados de una compañía. No. Vienen a crear su propio camino, con un poder que no tuvo ninguna generación previa: gracias a las redes sociales, pueden ofrecer una visión alternativa, una voz crítica que les pertenece y que hacen oír sin el permiso de nadie. Muchos aspiran a crear sus propios medios, y a financiarlos con el apoyo de comunidades que nunca tuvieron una voz en el periodismo tradicional.

Mis estudiantes entienden desde el comienzo lo que a mí me llevó una vida aceptar: que no hay una línea recta que lleve al destino deseado, sino un camino lleno de desvíos inesperados que con frecuencia te devuelven al punto de partida. Y te hacen volver a empezar.

Allá vamos.

Apostar por la credibilidad

María O'Donnell

Me siento parte de una generación de periodistas que, con ingenuidad, creyó que un buen trabajo de investigación, honesto y persistente, podía cumplir con la noble misión de revelar los secretos ocultos del poder sin sufrir grandes interferencias: una mirada demasiado romántica que el *Watergate* ayudó a construir. El malentendido nació a comienzos de la década del setenta con un robo, aparentemente común, en las oficinas de campaña del Partido Demócrata de los Estados Unidos. El diario *The Washington Post* empezó a tirar del hilo y descubrió que los presuntos ladrones eran miembros del servicio secreto y que el presidente Richard Nixon les había ordenado que colocaran micrófonos en esas oficinas para espiar a sus rivales políticos. A Nixon no le quedó otra opción que renunciar al cargo y desde entonces el *Watergate* (el nombre del edificio donde ocurrió el atraco) se utiliza como un sustantivo elevado a la catedral del periodismo de investigación.

La hazaña de dos periodistas de *The Washington Post,* Bob Woodward y Carl Bernstein, funcionó como una fábula irresistible: el gigante Goliat (encarnado en Nixon, líder de una de las potencias que dominaba al mundo en plena Guerra Fría) terminó derrotado por dos Davides (jóvenes reporteros de un diario modesto). La historia llegó a Hollywood en el año 1976 con Robert Redford y Dustin Hoffman como protagonistas de la película *Todos los hombres del presidente*. El guión, que dejó en un segundo plano a la dueña del diario, Katharine Graham, ayudó a construir una mirada idealizada sobre el periodismo como herramienta para combatir los abusos del poder.

Graham había asumido la conducción del diario por una tragedia personal –el suicidio de su marido– que trastocó su destino de ama de casa; y le tocó decidir si seguía adelante con la publicación de las noticias sobre el robo en el edificio *Watergate* cuando tenía poca experiencia en el manejo de la empresa y las finanzas del diario no eran muy robustas. Nixon, acorralado, la amenazó con quitarle otras unidades de negocios (licencias de radiodifusión) que le reportaban más ganancias que *The Washington Post*. Graham ignoró las presiones y confió tanto en el trabajo de Bob Woodward y Carl Bernstein que nunca les preguntó la identidad de "garganta profunda", el apodo que ocultaba la identidad de un agente del FBI, la fuente principal de la investigación que acabó con la segunda presidencia de Nixon.

En el año 2017, el director Steven Spielberg le dio a Graham el protagonismo que merecía en la película *The Post*. Recién entonces apareció desplegado el personaje de la dueña de un diario con la que tantos periodistas soñamos: alguien capaz de ponderar el interés público de una investigación por encima de sus intereses personales o comerciales, alguien que sabe tomar riesgos, que apuesta por la credibilidad y por la calidad del periodismo para fidelizar audiencias.

La moraleja del *Watergate* es perfecta porque demostró que el periodismo de calidad tiene recompensa: *The Washington Post* se convirtió en un diario de prestigio mundial, y así, en un negocio altamente redituable.

En el mundo ideal que deviene de la tradición del *Watergate*, un muro imaginario separa a la redacción del departamento comercial o la junta directiva del medio: cada uno hace su trabajo pero no se mezclan. Con un muro de separación, ni los funcionarios del poder de turno ni los grandes avisadores del sector privado pueden aspirar, en base a prebendas, amenazas o al tamaño de su inversión publicitaria, a un trato privilegiado (que condicione o frene la publicación de una nota, por ejemplo).

En el mundo real, esa frontera, si es que alguna vez alcanzó el grosor de un muro, se ha vuelto cada vez más lábil.

* * *

Bernardo Neustadt fue uno de los periodistas más influyentes de la Argentina entre la década de los sesenta y fines de los noventa, un innovador en más de un sentido. Inventó un estilo: comunicaba con frases cortas, sencillas, con latiguillos que generaban corrientes de opinión; imponía agenda y casi nadie se le resistía. Por su programa emblema de la televisión, *Tiempo Nuevo*, pasaron los protagonistas de aquellos años, incluidos los militares en dictadura. Supo, además, sacarle provecho comercial a su éxito.

A la tanda tradicional que se emitía en los cortes comerciales le sumó, dentro del programa, un espacio para auspicios: una sucesión de placas con nombres de grandes compañías. Una mención de la marca sin fines de venta de un producto determinado, que se presentaba como un apoyo institucional de la compañía a Neustadt. El bloque comenzaba con la siguiente frase de presentación: "Éstas son las empresas a las que les interesa el país…".

Si pertenecer al selecto club sonaba como un imperativo, cortar la membresía podía resultar complejo, como ilustró una pelea que el periodista mantuvo en público con Franco Macri, uno de los empresarios más poderosos de la época.

Neustadt había empezado a despotricar de manera insistente en contra de los precios de los autos de fabricación nacional, que valían en dólares bastante más que modelos similares que se vendían en Estados Unidos o en Europa. La producción local tenía un régimen de protección que beneficiaba a Sevel, la compañía automotriz del Grupo Macri. En represalia por la opinión del periodista, la empresa decidió retirar su placa del programa:

> Del mismo modo que no parece razonable publicitar cigarrillos
> en un programa infantil –explicó en una solicitada–, tampoco
> encuentra razonable Sevel Argentina destinar recursos al auspicio
> de Tiempo Nuevo, cuyo conductor, sistemáticamente, descalifica
> a la industria argentina.

Entonces Neustadt aleccionó a Macri con la teoría del muro: "Cuando se inserta un aviso en un medio es para vender un producto, no para alquilar una conciencia". Fernando Marín, relacionista público de Macri, le contestó que no habían quitado de la tanda un comercial de autos, sino que habían retirado un auspicio que representaba "un acompañamiento institucional" a la línea editorial del programa. La diferencia no radicaba solamente en el contenido o la forma de la pieza en cuestión.

El aviso cursaba a través del departamento comercial del canal de televisión, con la intermediación de una agencia de medios, y cotizaba por los segundos que consumía de aire; el auspicio se contrataba directamente con Neustadt y a un valor fijo: 3000 dólares (entre 12 mil y 15 mil dólares al mes) durante la convertibilidad.

La pelea escaló. Macri presentó una denuncia en tribunales por extorsión –dijo que el conductor de *Tiempo Nuevo* le había exigido, además, una suma muy importante de dinero para reconsiderar su opinión sobre la producción nacional de autos– y el periodista llenó de elogios en sus programas a los autos japoneses Mazda. La causa judicial nunca prosperó, pero está claro que las lecciones de ética no eran un terreno firme para Neustadt.

* * *

Conocí a Neustadt quince años después de aquel episodio, a mediados de junio del año 2007. Me recibió en su casa, una mansión ubicada sobre una colina con vista al Río de la Plata, la última de una calle empedrada en la zona más arbolada y silenciosa de Martínez, en las afueras de la ciudad de Buenos Aires. A los 82 años seguía lúcido y no había perdido la picardía. Se jactó de que veía a Mauricio Macri (entonces en carrera para ser jefe de gobierno de la ciudad de Buenos Aires) a escondidas de su padre Franco –"parecemos amantes", dijo– pero ya no influía en la opinión pública.

Había apoyado con entusiasmo las privatizaciones de las empresas de servicios que llevó adelante el presidente de origen peronista Carlos Menem en la década del noventa, en procesos altamente sospechados de corrupción. La crisis del 2001, que desacreditó las políticas neoliberales, marcó también su ocaso personal; pero el modelo comercial que él había practicado perduró y creció con el tiempo.

El negocio y la estructura de propiedad de los medios también cambió sustancialmente durante el gobierno de Menem. Los canales de aire –todos, salvo la televisión pública– pasaron a ser privados, el negocio de la televisión por cable –paga– se impuso de la mano de las transmisiones de fútbol y arrancó el "loteo": la venta de espacios, en cable o en radio, a periodistas o productoras, para que los produjeran y comercializaran en forma independiente. Con las nuevas empresas privatizadas –de electricidad, agua, gas, telefonía– se multiplicaron, también, las fuentes de los auspicios.

Periodistas que escribían en los principales diarios encontraron en la televisión de cable y en programas de radio la posibilidad de experimentar el oficio con un grado mayor de autonomía que en una redacción; y esos programas, de una o dos horas semanales, muchas veces les representaban ingresos superiores a los magros salarios que percibían con el empleo de todos los días.

Para el sector privado y para los gobiernos con presupuesto de pauta oficial –de todos los niveles: nacional, provincial o municipal– el nuevo esquema abrió una puerta de acceso más directa al relacionamiento con esos periodistas o con las productoras que los representan, aunque no siempre resulte en un poder para influir sobre los contenidos.

Desde la perspectiva de Carlos de Elía, gerente de noticias de Canal 13, el balance general resultó negativo: "Con el boom del cable aparecieron los periodistas empresarios, que en principio conseguían en el cable un lugar donde expresar sus ideas libremente. Todo muy ideal. Pero ¿qué pasó? Aparecieron aquellos que descubrieron que, a partir de un pequeño programa, en la televisión, la radio o el cable, podían tener grandes ingresos, simplemente, sin decir lo que había que decir".

Neustadt sintió algo parecido a una vindicación.

–Aquellos muchachos– me dijo frente un ventanal gigante que miraba al río –aquellos muchachos que me criticaban, que me decían: "¿Cómo puede ser que usted gestione avisos?" Aquellos muchachos ahora hacen lo mismo.

–¿Y para usted es mejor así?

–No es ni bueno ni malo. Es así. Si no fuera así, no contratarían a ningún periodista, porque los empresarios no quieren saber nada con los programas periodísticos.

* * *

Los dueños de los medios no siempre estuvieron –ni están ahora– dispuestos a publicar artículos que comprometan la imagen o los intereses de los grandes avisadores que los financian –cadenas de electrodomésticos, de supermercados, bancos, compañías de telefonía y de comercio electrónico, empresas de bebidas, lácteos y alimentos, grandes laboratorios farmacéuticos, entre otros–, tampoco a confrontar con el poder político de turno a la manera del *Watergate*.

A veces eligen uno de los dos frentes de batalla, rara vez los dos; y a menudo, ninguno.

Los medios más pequeños pueden ser más libres, pero también más dependientes de los pocos avisadores que los sostienen: una variable no alcanza para calcular el condicionamiento –si hubiera– de los avisos sobre los contenidos.

En la Argentina, la irrupción de los gobiernos (de diferentes niveles) como jugadores de peso en el reparto de publicidad volvió a complejizar el panorama. El gran salto ocurrió durante la presidencia de Néstor Kirchner (2003-2007), que en cuatro años multiplicó por diez el presupuesto nacional con fines de promover las acciones del gobierno.

La publicidad oficial tiene como finalidad brindar información útil al ciudadano –campañas de salud pública, por ejemplo– y se debe asignar según criterios más o menos *objetivos* o transparentes –para llegar a la audiencia a la que va destinado un mensaje determinado–. A su vez, cómo se financia con fondos públicos, no debe ser utilizada como propaganda –con fines electoralistas– de un funcionario o un gobierno.

En los últimos años, sin embargo, se emitieron campañas que utilizaron colores partidarios para confundir –Macri en la ciudad con el amarillo PRO, o Daniel Scioli con el naranja en la provincia de Buenos Aires– avisos que se usaron para atacar a la oposición –en la gestión de Cristina Kirchner– y piezas publicitarias con la firma del gobernante de turno como si fuesen cuentas de promoción personal.

La cuenta de publicidad de los gobiernos se transformó a menudo en una herramienta de premios y castigos –para financiar a ciertos medios "amigos" y para ahogar a los más críticos– y de cooptación de periodistas a nivel individual, a través de asignación de auspicios en programas de televisión por cable o radio altamente dependiente de esa pauta.

Un poco más acá en el tiempo, con la migración de contenidos periodísticos a los teléfonos celulares, páginas de internet y redes sociales, el modelo del *Watergate* volvió a diluirse. Como los medios tradicionales de comunicación perdieron rentabilidad en forma acelerada, prevalecen los dueños que moldean contenidos según sus intereses particulares, los que usan al periodismo como escudo de protección o arma de guerra.

A su vez, en las redes, las fronteras entre los avisos y los contenidos se vuelven cada vez más difusas: canjes, chivos y publicidades encubiertas han derribado por completo la teoría del muro. Los contenidos pagos rara vez se identifican como tales, cuando deberían llevar necesariamente la marca PNT (publicidad no tradicional) para evitar el engaño o la simulación de un comentario "espontáneo".

No existen muchos medios que se puedan sustentar sin publicidad –muy pocos logran subsistir en base a membresías de sus seguidores– pero la publicidad puede no ser un condicionamiento si la subsistencia se sostiene en base al prestigio y no a un avisador en particular. Y el vínculo más directo de los periodistas con las audiencias, que las redes sociales facilitan, puede ser también una oportunidad para sustentar proyectos independientes.

El muro del *Watergate* ya no existe, pero los valores que lo sostenían no han perdido vigencia. Aparece entonces un gran desafío para los periodistas, que trasciende a los anunciantes y a los empresarios, y remite al compromiso personal con la profesión. Los límites éticos son claros. Como bien lo explicó el maestro Tomás Eloy Martínez: "El único patrimonio del periodista es su buen nombre. Cada vez que se firma un artículo insuficiente o infiel a la propia conciencia, se pierde parte de ese patrimonio, o todo".

Bienvenidos a la jungla digital

Natalí Schejtman

El primer lunes de agosto de 2020, el director de la Organización Mundial de la Salud (OMS), Tedros Adhanom Ghebreyesus, habló en conferencia de prensa sobre el estado de situación de las distintas vacunas en danza contra el nuevo coronavirus, los rebrotes y brotes mundiales, la investigación en China y el futuro de la pandemia. Según buena parte de los titulares de los portales digitales de noticias más leídos del país, dijo: "No hay solución y quizás nunca la haya". Así titularon por la mañana casi todos los medios en sus *homes* y así fueron tuiteando escalonadamente en un rango de cuatro horas en sus redes sociales, diseñando un coro afinado que replicaba la misma frase destacada a partir de una conferencia de prensa de una hora. Pero el número uno de la OMS había dicho, en inglés, *"there's no silver bullet at the moment and there might never be"*, que se traduce como que no hay una "solución mágica" o una "bala de plata" para resolver inmediatamente el problema del virus.

La comunidad tuitera tardó apenas segundos en detectar el error y señalarlo con la calma que la caracteriza en la forma de capturas de pantalla y retuits críticos que subrayaban a los medios como incapaces de hacer una traducción precisa. En definitiva, mientras los medios posteaban sus titulares engañosos, cualquier persona con acceso a conexión de internet podía consultar en la cuenta de Twitter de la Organización Mundial de la Salud los dichos del doctor en tiempo real. ¿Cómo pudo ser, entonces, que los portales de noticias más leídos del país, incluyendo algunos de diarios impresos y canales de televisión, hubieran cometido todos el mismo error?

Hice una primera ronda de consultas a periodistas que trabajan en noticias de último momento. Ninguno sabía a ciencia cierta lo que había pasado en este caso pero nadie se mostró muy sorprendido. Especularon con algunas hipótesis: todas hacían mención a cómo había titulado la competencia y a la necesidad de tener un título con ese mismo nivel de impacto lo antes posible, así no fuese fidedigno. También, siempre en el terreno de la especulación, mencionaron la posibilidad de un error honesto de traducción por parte de quienes estaban a cargo en ese momento o una (menos honesta) voluntad de seguir pintando a la Organización Mundial de la Salud como un organismo errático y cuestionable en la pandemia.

A ninguno de los consultados para descular el detrás de la escena del error replicado se le ocurrió mencionar su verdadero origen, por cierto, inesperado: la agencia de noticias AFP tituló de ese modo el cable sobre la conferencia del número uno de la OMS. En efecto, algunos de los medios que titularon equivocadamente manifestaron haberlo tomado de ahí.[1]

Pero las ideas que barajaron los consultados y las consultadas para este artículo hilvanaban, una tras otras, prácticas degradadas del periodismo digital que van erosionando al menos una parte de la información que consumimos minuto a minuto y que responden a múltiples factores: desde las condiciones de trabajo estranguladas que achicaron las redacciones al mismo tiempo que abultaron el volumen de las noticias hasta el marco de la búsqueda incierta de un modelo de negocios sustentable que trastoca algunos valores periodísticos.

Es curioso, nunca fue tan fácil acceder a las fuentes originales y, sin embargo, nadamos entre las copias de las copias de las copias. De hecho, los periodistas que trabajan en la primera línea de la información digital –es decir, las *breaking news* o el último momento– hablan muy habitualmente de *la competencia*. En definitiva, gran parte de los portales de noticias digitales, algunos de ellos asociados

---

[1] El sitio Chequeado cubrió este asunto el 4 de agosto de 2020. Tanto *Clarín* como *Perfil* adujeron haber tomado la información de AFP.

a diarios impresos pero otros no, absorbieron mucho más de la lógica televisiva que de la prensa, y hoy agotan a buena parte de sus periodistas con llegar antes, aunque sea un minuto antes que los otros, y aunque sea con el mismo contenido, por lo que genera algunas paradojas: hay una carrera feroz y a la vez una tendencia a la homogeneización de los contenidos, incluyendo los errores.

La maratón por salir primeros ("dos párrafos y salimos") es el mandato común entre los periodistas que trabajan y editan hoy en los portales digitales más leídos. Y está, por cierto, cambiando la fisonomía de las noticias digitales. –Cuando te enterás de una noticia, no te vas a la calle a cubrirla porque hay que subirla rápido a la web. El *breaking* se hace desde acá con los chicos que lo toman de la tele porque lo importante es subirlo y ganarle a los otros. La actualización constante demanda estar sentado mirando la televisión–, me dijo crudamente un editor, confirmando que el proceso de adquirir atributos televisivos del periodismo online no es solo conceptual sino más bien literal.

Pero no se trata solamente de llegar primeros, sino de cumplir también con otros estándares: son los estándares de los buscadores, principalmente Google, cuyo cumplimiento les garantiza a los portales que sus notas estén entre los primeros resultados que arroja una búsqueda, lo cual impacta notoriamente en sus visitas. Por eso emergió un nuevo dios pagano, el SEO (*Search Engine Optimization*), que regó con palabras como *optimización*, *métricas*, *clickbait*, entre otras, las discusiones de contenido en las redacciones digitales. Un título tiene que estar *optimizado*, ese tema es *clickbaitero*, y así. El posicionamiento en buscadores es una de las tantísimas formas en las cuales las grandes plataformas tecnológicas globales impactan en cómo se hace periodismo hoy y en cómo se informa la ciudadanía (otra es succionando el grueso de la publicidad online de las empresas mediáticas y llevando a la ruina a cientos de ellas, pero ese es otro tema). El SEO altera la forma del periodismo digital en cuanto al largo de las notas, formas de titular y la necesidad de salir antes. Aunque, por supuesto, Google no quiere arrojar resultados chatarra: cumplir con esos estándares puede redundar también en algún tipo de mejora de la calidad. Por ejemplo: si algún redactor está tentado de salir con una noticia que consiste en un titular y un párrafo mínimo, los editores más duchos en la biblia del SEO lo frenan: para que aparezca bien jerarquizado en los buscadores, una nota cerrada no puede tener tan poco desarrollo.

Para un redactor de política, que empezó a trabajar en periodismo ya cuando todos los medios de comunicación tenían una estrategia online bien definitiva, el problema no es la velocidad, ni siquiera el volumen de notas, sino la precarización y la falta de recursos humanos para que el medio sea competitivo en producción de noticias, rapidez y calidad. Otra persona que trabaja en otro medio online coincide con el diagnóstico, pero cree que es difícil no resignar calidad con la demanda excesiva de rapidez y cantidad de noticias. Lo dice citando su propia experiencia: ha llegado a publicar más de 50 notas en el lapso de dos horas.

Si la velocidad, las condiciones laborales, la presión televisiva y los estándares algorítmicos impactan salvajemente en las rutinas productivas del periodismo digital, a la hora de señalar buenas y malas prácticas el decálogo no difiere de los manuales más clásicos: chequear la información con las personas involucradas, no considerar que la competencia es una fuente válida, no copiar y pegar gacetillas. Pero si el tiempo siempre fue escaso, en este contexto acogota. Y a la vez, las dinámicas propias de la replicabilidad digital facilitan hasta lo peligroso el constante refrito de contenido publicado por otros. Con "otros", también nos referimos a las plataformas: en definitiva, los gigantes tecnológicos pueden ser vistos, por un lado, como los verdugos de las empresas mediáticas –según las dinámicas industriales del presente–, pero también como un innegable insumo. Lo ilustran con números los investigadores Esteban Zunino y Augusto Grilli Fox en su riguroso análisis de contenido de seis medios digitales de Argentina en 2017 y 2018. Según su estudio, el uso de redes sociales embebidas en las noticias tiene una presencia de entre el 10% y el 22% según el medio.[2]

---

[2] Zunino, E., & Grilli Fox, A. (2020). Medios digitales en la Argentina: posibilidades y límites en tensión. *Estudios Sobre El Mensaje Periodístico*, 26(1), 401-413. https://doi.org/10.5209/esmp.67320

En este momento, una grieta generacional interviene también en las redacciones mundiales. En muchas de ellas, todavía conviven profesionales que buscaron contactos de una guía telefónica con otros que, en un momento mucho más paupérrimo de la industria, nunca hicieron periodismo sin internet (ni con viáticos pagos). La diferencia es notoria y está ocasionando cruces muy interesantes e intensos. Pero también atañe al rol que le dan a la audiencia, hipercuantificada bajo el nombre de *métricas*. Una periodista joven, que trabaja en el cruce entre contenidos, audiencias y tecnologías, está convencida de que hoy hacer periodismo de calidad también implica que sea el periodista el que se preocupe porque lo lean, y no delegue esa tarea a expertos en marketing digital. Sabe que se pone en abogada del diablo frente a muchos de sus colegas: "Una cosa es el título mentiroso y otra titular mal. No es periodismo o mierda. Saber hacer un título que refleje lo que dice la nota y que jerarquice en forma digital lo que estamos diciendo también es hoy trabajar bien". Su mirada es interesante: entre las nuevas generaciones, muchos ven en las crueles métricas de una nota, estampadas como un cuadro ominoso en las paredes de algunas redacciones, una devolución más fiable que la palmadita celebratoria de un secretario de redacción con varias décadas de periodismo.

El de las audiencias es un tema urticante, precisamente en un momento de caída generalizada de la confianza en los medios (que en Argentina es baja incluso en términos regionales). Por eso, se convierte en relevante pensar cómo los medios más masivos asumen sus errores. Algunos diarios impresos solían tener una sección de *fe de erratas*. En su versión online, medios como *The Guardian* o *The New York Times* lo resolvieron con una nota al pie indicando los cambios que tuvo la nota una vez publicada, su fecha y el motivo del ajuste. Entre los medios masivos argentinos no existe esa práctica, sino que las notas se corrigen una vez publicadas, incluso alevosamente, como me comenta un redactor que una vez tuvo que corregir enteramente una nota publicada porque se había basado en información incorrecta. Como en una suerte de Paradoja de Teseo, que se preguntaba si un objeto era el mismo si se le reemplazaban todas sus partes, el lector puede clickear dos veces la misma nota y, sin tener ningún aviso, leer algo distinto. Tan extremo es a veces ese recurso, que hay cuentas de Twitter dedicadas a marcas las correcciones de los grandes medios con notas ya publicadas. Esa opacidad entre el medio y la audiencia es parte, junto con muchas otras cosas, de la baja credibilidad que tienen las marcas periodísticas masivas hoy. Y es, además, una suerte de deslealtad: mientras que los portales digitales masivos hoy pueden saberlo todo sobre sus audiencias –qué les gustó más, cuánto tiempo le dedicaron, después de qué nota quisieron suscribirse– no están dispuestas a encarar un vínculo en el que también ellas, como emisoras de los mensajes, se planten con una mayor transparencia ante sus audiencias, que no solamente suelen desconocer parte de las motivaciones políticas y económicas, sino cuestiones incluso menos comprometedoras, como errores en la información que fueron revisados y corregidos.

¿Desde dónde habla el periodismo digital?

No todo el periodismo digital es de "último momento", pero, a la vez, la digitalización del periodismo alteró –y seguirá alterando– la totalidad de las prácticas. Por ejemplo, la relación de los periodistas con "el lugar de los hechos", que amenaza con convertirse en un eco lejano que llega por teléfono, por un posteo de Facebook, por una gacetilla oficial, por un tuit viral. Incluso antes de la pandemia que complicó todavía más la movilidad.

Hace unos años, las directoras de la Agencia de Noticias Presentes, especializada en diversidad sexual, Ana Fornaro y María Eugenia Ludueña leyeron una nota de un medio local posteada en Facebook sobre un travesticidio que había sucedido en la Ruta 4 a la altura de Llavallol. Sonaba verosímil: el área es conocida por ser una zona caliente de prostitución y crímenes de odio. Pero en la división Homicidios de la Provincia de Buenos Aires desconocían el caso. Decidieron ir en busca del baldío en frente de la estación de servicio descripto en el relato. No había vallado. Le preguntaron al hombre que atendía la estación de servicio: "Sí, sé que hubo un crimen", les contestó a las periodistas: "Lo vi en las redes sociales". Después de recorrer las instituciones usualmente involucradas en las muertes violentas, las periodistas confirmaron: ese travesticidio no había existido. Desde entonces Fornaro y Ludueña usan el caso de la no nota en sus talleres de periodismo, como un recordatorio de los riesgos de un periodismo que prescinde de ir al territorio, una tendencia aceleradísima que normalizó una práctica que ya tiene su propio nombre: periodismo de escritorio.

Las facilidades que brindan las tecnologías de la información, que permiten prescindir del contacto cara a cara o la experiencia desde el lugar de los hechos y la estrepitosa reducción de las plantas de las redacciones también alteraron algunas definiciones clásicas del hacer periodístico, tanto como las jerarquías de su valoración interna: los periodistas que fui entrevistando en mi trabajo coinciden en que no siempre es un valor para sus jefes –ni a veces para ellos– ir al territorio y que en algunos casos ese es el reclamo más persistente que tienen: "somos mejores cuando podemos salir a la calle", me dijo una redactora con cierta resignación, "pero es algo que nadie nos exige".

Con ella acuerdan muchos otros entrevistados: parece ser más una necesidad de ellos que una descripción de sus tareas, y a veces hasta es un reclamo serio sobre condiciones y características de su trabajo. La pandemia, por cierto, aceleró la tendencia de periodismo sedentario por motivos de fuerza mayor. En una entrevista, el periodista Jon Lee Anderson describe todo lo que falta cuando el periodismo se hace a la distancia: "Siento la falta del agite y la polvareda. Pero se puede. Han habido algunas crónicas escritas por colegas míos en *The New Yorker* que apenas detectas que no salieron. Lo han logrado a través de llamadas continuas, pidiéndoles a varias personas que describan sus circunstancias e ilustrándolo como si estuviesen ahí. Claro, no es precisamente lo mismo. (...) Ya había una inclinación previa a hacer periodismo en la distancia, en parte por razones económicas: los cambios en el modelo económico del periodismo dificultan los viajes. La virtualidad ha ido reemplazando el mundo frontal, primario, de una forma notable. Temo que esta tendencia se acelere".[3]

Prescindir del territorio no solamente puede dar lugar a desinformación. También aleja al periodismo de determinados sectores sociales, empobrece los textos y va acotando la diversidad temática ante la falta de contacto directo. Sí, como dicen Kristy Hess y Robert Gutsche, los periodistas son creadores de espacios y no solamente sus meros observadores, acomodarse en una relación tan mediada con los territorios que reportean tiene un impacto directo en el tipo de espacios que crean.

Durante este año de manifestaciones en contra del racismo en Estados Unidos después del asesinato de George Floyd, varias redacciones de Estados Unidos atravesaron movimientos y reclamos internos en relación a cómo esos medios habían cubierto el racismo. Los redactores de *The Philadelphia Inquirer* volcaron en una carta lo que estaba sucediendo en la redacción del diario con la gente: "No es una coincidencia que las comunidades heridas por el racismo sistémico solamente vean periodistas en sus barrios cuando la gente es baleada o los edificios están incendiados. Lleva compromiso corregir y mejorar esa relación. Es un insulto a nuestro trabajo, nuestras comunidades, nuestros barrios ver esa confianza destruida. Y hace mucho más probable que enfrentemos amenazas y agresión". Si bien en este caso el reclamo aludía a cómo se cubre a los barrios más pobres en los medios –históricamente menos que a los ricos, no importa cuándo ni dónde–, la desterritorialización acentuada por la tecnología sobrevuela y lo exacerba. Si los valores tradicionales de "estar ahí" y "conocer los lugares" que el periodismo supo ostentar están en crisis, eso puede afectar (todavía más) su autoridad y credibilidad, como analizó la investigadora Nikki Usher.[4]

Es improbable que la tendencia al periodismo sedentario vaya a alterarse en un contexto de redacciones pequeñas y estresadas.

[3] Entrevista de Juan Elman a Jon Lee Anderson en su newsletter "Mundo Propio" de cenital.com del 11 de junio de 2020.

[4] Usher, N. (2019). Putting "Place" in the Center of Journalism Research: A Way Forward to Understand Challenges to Trust and Knowledge in News. *Journalism & Communication Monographs*, 21(2), 84–146. https://doi.org/10.1177/1522637919848362

Más bien, todo lo contrario. Aun así, además de seguir defendiendo la presencia como una de las partes constitutivas y específicas del trabajo periodístico, es necesario establecer una conversación que nos obligue a pensar qué nos estamos perdiendo al virtualizar casi enteramente nuestro trabajo y cómo podemos estar sesgando la mirada de un modo que ni siquiera notamos. El riesgo es, si no, continuar acentuando un periodismo que está hiperconectado y a la vez encapsulado.

Nuevos medios, nuevas audiencias

Todos los días hablamos de la crisis del periodismo, de cómo las ventas en papel caen estrepitosamente y de cómo todavía no hay un reemplazo fidedigno para el modelo de negocios clásico que implicaba, para los lectores, comprar un producto en el kiosco y, para los anunciantes, ver a sus productos impresos en papel prensa. Incluso hablamos, como en los párrafos anteriores, de cómo las nuevas prioridades del periodismo digital alteraron algunos elementos constitutivos de su hacer. Pero así como la era digital presenta una dificultad acuciante para el sostenimiento de buena parte del ecosistema de medios, también propone una facilidad inédita para crear medios nuevos. Es por eso que en las últimas décadas han surgido medios que también van diseñando un futuro posible para la profesión, una redefinición de las buenas prácticas y nuevos pequeños empresarios o gestores a veces muy jóvenes.

Esas son las historias detrás de medios nuevos, en distintos formatos, que ganan audiencias y crecen lenta pero sostenidamente como *Connectas*, *Radio Ambulante* u *Ojo Público*, entre muchos otros.

En Argentina, ejemplos como la revista *Anfibia* o *Chequeado*, y otros más nuevos como *Cenital*, *Futurock* o *Red/Acción*, vienen avanzando con una propuesta firme y a la vez dinámica que busca pensar lo que es el periodismo de calidad hoy y que suponen un horizonte de posibilidades y de supervivencia para una profesión que está golpeada por arriba y por abajo, desde su modelo de negocios hasta la credibilidad de sus contenidos.

"Lo nuestro no es solamente un medio digital: también es un proyecto educativo y uno de innovación en formatos y tecnología para mejorar la información que circula", dice Pablo Fernández, director de innovación editorial de *Chequeado*. Nacido en 2010 con el perenne objetivo de *aumentar el costo de la mentira* en el discurso público –que incluye a políticos, medios y empresarios–, entre sus aspectos novedosos aparece tanto su marco como una organización sin fines de lucro (La Voz Pública), el señalamiento abierto de quiénes son sus donantes –una práctica que todavía parece difícil de tragar para medios analógicos y digitales, viejos y nuevos– y el desarrollo de software para la mejora de los procesos de chequeo de información y detección de desinformación. A la vez, después de 10 años de trabajo, cuentan con una comunidad activa que muchas veces les propone contenidos para ser chequeados.

La revista *Anfibia*, creada en 2012 por la Universidad de San Martín, no solamente publica cotidianamente ensayos y crónicas sino que ha generado una serie de eventos y proyectos satelitales, como cursos, becas, series audiovisuales y de podcasts que amplían su audiencia y piensan activamente qué es hoy un proyecto periodístico.

El periodista Javier Borelli investigó en profundidad los casos de *Eldiario.es* (España) y *Mediapart* (Francia), ambos medios surgidos al calor de protestas sociales que ilustraban una crisis de representación institucional de la que los medios masivos corporativos eran también parte. Fundado en 2012 por el periodista Ignacio Escolar, *Eldiario.es* cuenta con los valiosos pergaminos de tener el 33% de su financiamiento por medio de sus lectores y estar en el puesto quinto en términos de lectores frecuentes en España. "El modelo de negocios protege al modelo editorial",[5] le dijo Escolar a Borelli. En tanto, *Mediapart*, nacido en 2008 y perteneciente a una organización sin fines de lucro, está tercero en cuanto a la confianza de las audiencias. El 95% de sus ingresos viene por parte de los lectores. Su eslogan es: "Solo nuestros lectores pueden comprarnos".

[5] Borelli, Javier: "Journalism in Argentina is in crisis. Lessons from Spain and France may hold the key to survival", 10 de febrero de 2020 en *reutersinstitute.politics.ox.ac.uk*

El panorama en mutación supone búsquedas, tensiones y mezclas: en portales masivos conviven periodismo de datos que procesa kilómetros de filtraciones de interés público, investigaciones rigurosas y crónicas valiosas con "mirá lo que posteó" alguna celebridad y desinformación multiplicada. Con enormes diferencias, nuevos y viejos medios saben que el trabajo periodístico y el trabajo por la supervivencia hoy van de la mano. Queda todavía resolver la pregunta de qué valor va a ocupar la calidad informativa en este proceso agitado de metamorfosis empresarial, profesional y también de las audiencias.

Ni plata ni mierda

Reynaldo Sietecase

"Es plata o mierda". Nunca voy a olvidar la frase que eligió el gerente de noticias de América TV, donde trabajábamos, para comunicarnos un mediodía de Julio del 2009 que la posición del canal, contraria a la aprobación de la Ley de Servicios Audiovisuales, no resistiría medias tintas. "La empresa tiene mucho para perder y espero que lo entiendan", agregó. En esos almuerzos, posteriores a la emisión de *Tres Poderes*, el programa que hacíamos con Gerardo Rozín y Maximiliano Montenegro se discutían los temas y las posibles entrevistas para el próximo envío. Esta vez la charla, desarrollada en un bar de Palermo, se convirtió en una sucesión de amables advertencias. Después del conflicto entre las entidades del campo y el gobierno nacional, la iniciativa de regulación legislativa fue tomada por los grandes grupos de medios como una amenaza. El Grupo América no estaba entre los más complicados por la propuesta que se ponía en discusión (el más afectado era el Grupo Clarín), pero tenía más canales de televisión y más emisoras de radio que las permitidas por el proyecto de ley.

Las prevenciones del gerente tenían un fundamento extra. Veníamos de protagonizar un incidente por el cual habíamos perdido "la confianza de las autoridades del canal". Unas semanas antes de recibir su opción de hierro, nuestro interlocutor nos había sugerido entrevistar a Francisco De Narváez, candidato a diputado nacional por la provincia de Buenos Aires (en alianza con Felipe Solá y Mauricio Macri) y rival del "candidato testimonial" Néstor Kirchner.

La propuesta de entrevista era pertinente salvo por el hecho de que De Narváez era, además de candidato, uno de los accionistas del medio para el que trabajábamos.

Después de varias discusiones no logramos ponernos de acuerdo. Nosotros rechazábamos la entrevista porque nos parecía inconveniente para todas las partes y el gerente argumentaba que "había que hacerla porque ya lo habían entrevistado en casi todos los programas del canal". Finalmente aceptamos, pero con una condición: haríamos una entrevista sin concesiones, como si el entrevistado solo fuese un candidato más y no uno de los dueños del canal. Pagamos caro el atrevimiento. A los pocos minutos de estar ante las cámaras, quedó claro que De Narváez no esperaba una entrevista de esa naturaleza. Tal vez no le avisaron o nadie pensó que haríamos lo que, justamente, habíamos propuesto: una entrevista detallada, con preguntas y repreguntas. El candidato –que semanas después se impondría en las elecciones– no quedó muy bien parado en la nota y se fue furioso del estudio. El programa fue levantado del aire unos minutos antes del final. Al otro día adujeron un error involuntario del *Switcher Master*. Ya teníamos firmado el certificado de defunción. En una semana pasamos del horario central de los domingos a los lunes cerca de la medianoche. Recortaron el presupuesto y despidieron a la mitad de los productores.

Después de ese momento de gloria, la figura de De Narváez se fue diluyendo y en 2015 dejó la política. Es arriesgado relacionar el ocaso prematuro de su carrera con aquella entrevista, pero vale recordar que en cada una de sus apariciones públicas posteriores no faltaba el colega que terminara preguntando sobre qué había pasado esa noche en América TV.

Pero volvamos al almuerzo. "Estamos en guerra", remató el gerente, para que no quedaran dudas. Y si bien desde mi llegada a Buenos Aires en 1998, para trabajar en la Revista *Veintitrés* (entonces *Veintiuno*) que fundó Jorge Lanata, había experimentado el levantamiento de varios programas, recibí su metáfora bélica como una revelación. Tal vez porque desde que empecé a ganarme la vida con este oficio tengo una certeza: soy periodista y no soldado. La opción era inaceptable. No quería "ni plata, ni mierda".

Mientras pedíamos el postre, le propusimos al gerente generar en el programa un ámbito equilibrado con todas las opiniones sobre el proyecto. Además, entre los conductores, teníamos posiciones diferentes sobre la ley. Pero no funcionó. No había lugar para un espacio de debate cuando se cruzaban misiles. En dos meses terminamos fuera del canal y, en mi caso, fuera de la televisión por varios años.

En esa contienda, que no ha cesado, muchos colegas se enrolaron con entusiasmo. Algunos por convicción genuina, otros por conveniencia. Las consecuencias sobre los productos periodísticos fueron y son calamitosas. Los corresponsales que se dedican a cubrir conflictos bélicos, suelen decir que en una guerra la primera víctima es la verdad. Esta no es la excepción. Afectar al otro, "al enemigo", es más importante que comunicar algo certero y comprobado. Lo paradójico es que contar la verdad está en la base misma del periodismo.

De qué hablamos cuando hablamos de verdad

Sobre los alcances filosóficos del concepto de verdad se sigue debatiendo intensamente y no es motivo de este análisis. La idea de verdad en el periodismo remite a un significado simple: la coincidencia directa entre lo que se afirma –en un artículo, una crónica o un comentario de opinión– y los hechos a los que se remite. En definitiva: algo es verdadero cuando tiene correlación directa con los sucesos narrados. La tarea esencial del periodista es reflejar fielmente, desde su perspectiva o mirada, los hechos que relata y, en lo posible, hacerlo de manera atractiva.

El debate no es nuevo ni local. La verdad dejó de ser una prioridad en el proceso de la comunicación masiva hace varias décadas, cuando la información se convirtió en un negocio. Lo novedoso es que el desprecio por la verdad, en los últimos años, se volvió una costumbre que no provoca consecuencias severas en la fidelidad de los consumidores de noticias. A la utilidad mercantil de la información, se sumó el protagonismo que los grupos mediáticos adquirieron en la batalla política directa.

Vale aclarar que cualquier narración pasa por un inevitable tamiz subjetivo. Siempre se cuenta desde un punto de vista determinado. Por esa razón, el periodista debe acercarse lo más posible a los hechos que quiere contar. Tiene que recolectar la mayor cantidad de datos y testimonios sobre lo ocurrido. Su capacidad profesional, en relación a cómo levantar esos datos, cómo chequearlos (comprobarlos) y, finalmente, la forma en que va a exponerlos harán la diferencia.

La dedicación y el tiempo que se le dedican a una tarea periodística tienen relación directa con los resultados. En Argentina se menciona a Rodolfo Walsh como una referencia fundamental del oficio y está muy bien. El autor de *Operación Masacre* no solo era un hombre talentoso y valiente. Era, además, un periodista tremendamente riguroso. Me gusta demostrarlo con un ejemplo menos citado que sus grandes investigaciones. En marzo de 1969 ya había publicado su célebre serie "La secta de la picana" donde revelaba, en cuatro notas, la brutal metodología de la policía bonaerense. Por entonces publicaba en el periódico de la CGT que tiempo después sería clausurado. Como necesitaba sobrevivir también colaboraba con otras publicaciones como la revista *Siete Días*. Para este semanario hizo una nota sobre el funcionamiento de la luz eléctrica en Buenos Aires. Según sus propias palabras invirtió, en la elaboración de ese trabajo, "60 páginas de apuntes y transcripciones, unas 30 páginas de borradores y 20 páginas de original, es decir 110 carillas dactilografiadas. Realicé unas seis horas de grabación. Invertí un total de 87 horas de trabajo, repartidas en 13 días o sea casi 7 horas diarias". Esa manera de trabajar explica a Walsh tanto como sus imprescindibles investigaciones.

Entre esa metodología que implica comprobar los datos, contrastar los hechos y revisar las distintas versiones antes de publicar y la liviandad con la que se suelen construir, en la actualidad, artículos en la prensa gráfica o emitir informes en televisión, hay un abismo.

Sobran los ejemplos de programas televisivos construidos en base a información emanada de servicios de inteligencia.

Si se trabajara bien, la diferencia entre distintos narradores de un mismo suceso sería la del orden de la interpretación y de la calidad narrativa pero también la del rigor y la dedicación. Tendremos entonces diferentes relatos, determinados por la mirada personal, la experiencia y la capacidad profesional de cada cronista. Pero el hecho estaría allí, inalterable. Para seguir con Walsh la diferencia entre las notas que escribió para *Siete Días* y sus investigaciones sobre la policía bonaerense para el diario de la CGT, está determinada porque en estas últimas alguien con poder no quería que se conocieran esos hechos y, por lo tanto, se trataba de una producción con relevancia institucional. La crónica sobre la luz no implicaba ninguna denuncia. El método de trabajo es el mismo.

La mirada crítica

La subjetividad está determinada, entre otras cosas, por los intereses e ideología del periodista. Con todo, las creencias, ideas y posicionamiento político no deben vulnerar la verdad de los hechos. Para ejercer la subjetividad de un modo honesto hay que razonar de manera crítica. Y este es otro desafío, porque la crítica debe empezar por casa. Sin mirada crítica no se puede hacer buen periodismo.

La mayoría de las personas tienen ideas políticas y eso no los hace mejores o peores maestros, albañiles o arquitectos. Muchos, incluso, despliegan en su vida una militancia activa en defensa de sus ideas y eso no afecta la calidad de sus trabajos. Con el periodista debería ocurrir lo mismo. Un funcionario que delinque en el ejercicio de su gestión, por poner un ejemplo, es un corrupto pertenezca o no a un gobierno que cuenta con la simpatía política de quien narra los hechos. Una medida económica dañosa para la población o los abusos policiales no son menos graves si los aplican dirigentes con los que se coincide políticamente. O peor aún, si auspician con publicidad el diario o el programa donde se publica la información.

Lo más probable es que una crónica en *La Nación* y otra en *Página/12*, por poner dos ejemplos de diarios con perspectiva editoriales antagónicas, no cuenten un mismo hecho de igual manera. Lo que deben exigir los lectores de ambos diarios es que sus relatos sean fieles a los sucesos narrados más allá de las lecturas subjetivas del periodista que narra y del medio donde se publica.

La disputa entre el Gobierno de Cristina Kirchner y los grandes grupos de medios, en especial *Clarín*, por el conflicto con las entidades del campo primero y luego por la sanción de la Ley de Servicios Audiovisuales, dio origen al llamado "periodismo militante". Ante las críticas persistentes de la mayoría de los grandes medios, desde el gobierno se propició una suerte de "contrainformación" a través del sistema de medios públicos. También se impulsó a empresarios amigos a comprar radios y canales para intentar equilibrar la pelea.

El programa *678* de la televisión pública se convirtió en la principal plataforma de esa estrategia. Incluso apelando al deleznable método del escrache a periodistas críticos. Con todo, oponer "periodismo militante" a un supuesto "periodismo independiente", que muchas veces responde de manera vertical y acrítica a los posicionamientos de la empresa que paga los sueldos, no tiene demasiado sentido. El tema es si en nombre de las ideas políticas o de la necesidad empresarial se vulnera la verdad o se manipulan los hechos.

En ambas trincheras, en muchas ocasiones, la verdad quedó supeditada a la necesidad de afectar al otro. En esa lógica se superaron todos los límites: hasta se llegaron a publicar noticias falsas. Había nacido lo que el periodista de *Clarín*, Julio Blanck, definió como periodismo de guerra. También se publicaron, en medio de la refriega, informes irrefutables e investigaciones pertinentes.

Volviendo a nuestra premisa original: el compromiso primordial del periodista es con sus lectores, oyentes o televidentes. Podríamos establecer una suerte de consigna laica: los hechos son sagrados. Distinto es el análisis o la opinión sobre la realidad, donde sí cabe el posicionamiento editorial. A la mirada personal, que debe ser honesta y precisa, hay que sumar el factor empresario. Como expuse más arriba, los intereses políticos y económicos del medio de comunicación donde trabaja el periodista, también juegan su partido en el proceso comunicacional y pueden llegar a distorsionarlo en beneficio propio. La tensión entre el periodista y la conducción del medio donde trabaja es, en muchos casos, inevitable.

Los dueños de los medios

Suelo decir, con ánimo de provocar el debate, que me gustaría que los dueños de los medios de comunicación de la Argentina fuesen de gente altruista, desinteresada y que solo tiene como aspiración brindar buena calidad de información. Está claro que no es así. Los medios más importantes, aquí y en todo el mundo occidental, son propiedad de grupos empresarios de distinta envergadura. En consecuencia, no escapan a las normas básicas del capitalismo. Sus dueños tienen intereses económicos y políticos determinados. Y si bien todas estas empresas trabajan con la noticia como principal insumo básico, no dejan de tener como objetivo fundamental obtener ganancias. A veces, sin que les importe demasiado el cómo. Solo se diferencian de otras empresas por su función social.

Los medios de comunicación tienen a su cargo un servicio de interés público y, por consiguiente, deben estar sometidos a la regulación del Estado. Por lo cual, los gobiernos deben establecer las reglas claras para evitar las posiciones dominantes en el mercado que puedan condicionar al poder político (gobiernos nacionales, provinciales o municipales). Esas regulaciones deben ser precisas y justas para que, a su vez, no se afecte el derecho a la información. Aunque esta idea es de manual no es tan fácil de alcanzar. Los intereses en juego son demasiado grandes.

Desde los grandes grupos de medios, en general, se rechaza cualquier tipo de regulación. El argumento más utilizado, en nombre del liberalismo más ortodoxo, es el que indica que los medios de comunicación son empresas privadas que no necesitan imposiciones estatales que puedan afectar "la libertad de expresión". Aseguran que existe una regulación natural que se genera en el mercado por la competencia. Quienes defienden esta idea señalan que la regulación, en todo caso, debería ser mínima o, directamente, no existir.

Sin embargo, en la mayoría de las democracias del llamado Primer Mundo se aplican normas que determinan pautas claras sobre el funcionamiento y la propiedad de los medios de comunicación. Las leyes tienden a garantizar la pluralidad de medios, de voces y de actores de la comunicación. También reservan porciones del espectro comunicacional para el sector público y para el llamado tercer sector (cooperativas, sindicatos, etc); y tratan de evitar la concentración.

¿Y los periodistas?

Como señalé antes, los periodistas no podemos incidir en la conformación del mapa mediático del país. Esa es una tarea de los legisladores (vale la pena revisar las dificultades que enfrentaron los distintos gobiernos democráticos en Argentina para lograr sancionar leyes al respecto, en especial desde 1983). Los periodistas, en la mayoría de los casos, no podemos elegir dónde trabajar. Lo que sí estamos en condiciones de hacer, es establecer pautas mínimas sobre cómo desarrollar nuestra tarea de manera digna. Debatir en profundidad cuál es el rol de los periodistas dentro de un medio de comunicación gestionado por una empresa privada o pública es imprescindible.

Como sujetos del derecho a la información, los ciudadanos deben exigir a los medios de comunicación que tengan independencia del poder político. Por cierto, la única cuestión más o menos comprobable en una empresa periodística. Esa condición es importante pero no suficiente. También deberíamos exigir, como consumidores de información, que los intereses económicos de las empresas, no interfieran en los productos periodísticos que elaboran. Que no alteren, como explicamos, la verdad de los hechos por necesidad política o comercial de la empresa. ¿Cómo hacerlo? Con el arma más poderosa que tiene un consumidor de información: la decisión de adquirir solo productos creíbles y descartar aquellos que no lo son.

¿Y los periodistas? Si bien toda organización periodística es piramidal, en esa estructura hay un nivel que se llama de "edición". Son los periodistas que deciden qué se cuenta y cómo se cuenta. Son los que elaboran la "agenda periodística". En un medio electrónico esa facultad le corresponde en general al conductor del programa o al productor general y en un medio gráfico al editor. El compromiso de los trabajadores de prensa es evitar que la agenda periodística se vea "contaminada" o alterada por los intereses económicos o políticos de los dueños del medio. Si el temario, los contenidos o la lista de entrevistados pasan por la decisión del gerente y no del periodista "a cargo" del programa o la sección, el derecho a la información corre el riesgo de ser vulnerado.

No estoy planteando una rebelión masiva y permanente contra las conducciones empresariales, simplemente, propongo que defendamos nuestro derecho a hacer bien el trabajo. Nadie está obligado a incurrir en mala praxis. En buen romance: nadie puede ser inducido a mentir porque de esa manera beneficia los intereses comerciales o políticos de la empresa para la que se trabaja. Esto también vale para los medios estatales.

Si hay un tema tabú entre los periodistas es, justamente, la empresa para la que se trabaja. En general los trabajadores de prensa no hablamos mal de la empresa que nos contrata ya que, posiblemente, nos despedirían de inmediato. Compartimos esa situación con cualquier otro trabajador. Un mozo que dice a sus clientes que el café que sirven en el bar donde trabaja es malo, no duraría mucho en su puesto. Pero una cosa es respetar la línea editorial y la verticalidad de una organización periodística y otra, muy distinta, es convertirse en lobista de los intereses sectoriales de las empresas que nos contratan o aceptar publicar información falsa. La necesaria fidelidad laboral, en organizaciones piramidales, tiene un límite y ese límite es el compromiso del periodista con la verdad.

Se trata de una tarea tan compleja como necesaria. Incluso puede convertirse en una pulseada de todos los días. Una pelea para la que hay que estar preparados y convencidos. Muchas veces, su éxito es proporcional a la historia y trayectoria del periodista. No son iguales las posibilidades de un productor recién ingresado a un medio o un cronista principiante que las de un editor o un periodista que cuenta con muchos años de visibilidad en un medio. En especial porque en estos casos las posibilidades de encontrar otro trabajo se multiplican. Cada uno debe saber hasta dónde y hasta cuándo se puede seguir trabajando en un medio cuando los parámetros éticos de la profesión son vulnerados.

Los propietarios que entiendan que el gran capital de un medio de comunicación es su credibilidad, aceptarán esta dinámica con menor resistencia que aquellos que no estén convencidos de los beneficios de construir un medio veraz e independiente. Si un empresario textil no confecciona mal las camisas que produce y una industria automotriz no fabrica autos fallados, ¿por qué los dueños de los medios puedan llegar a afectar sus productos en busca de intereses subalternos a la información? La respuesta es simple y transversal a todos los países: los grupos empresarios más importantes no solo tienen medios de comunicación, también despliegan otras actividades: telefonía, entretenimiento, energía, explotación agraria, minera, etc. Una campaña realizada en un grupo mediático a favor o en contra de un gobierno podría incidir en la voluntad de los funcionarios de favorecer determinados negocios. Y algo más: muchos Ceos y gerentes de medios de comunicación ya no son periodistas, sino ejecutivos con el objetivo de maximizar las ganancias. Así de complejo es todo.

Igual no hay excusas. Cada periodista debe ingresar a su actividad sabiendo cuándo y cómo decir que no ante planteos inaceptables. Siempre está la posibilidad de dar un paso al costado. El concepto de obediencia debida es repudiable no solo en el ámbito militar. Los periodistas vendemos nuestra fuerza de trabajo no nuestra opinión. Está claro que plantarse ante las presiones internas o externas del medio para el que se trabaja puede tener consecuencias: sanciones, despidos, levantamiento de programas, entre otras.

Audiencias, público e hinchadas

"El único patrimonio del periodista es su buen nombre", escribió Tomás Eloy Martínez en el comienzo de su célebre decálogo profesional (ver anexo *Decálogos* al final de este libro). Por entonces no existía internet y el rol de la prensa gráfica era central en la vida de la sociedad. "Cada vez que se firma un artículo insuficiente o infiel a la propia conciencia, se pierde parte de ese patrimonio, o todo", sentencia el admirado autor de *Santa Evita*.

Sobran los ejemplos de periodistas que son infieles a su conciencia, que modelan la realidad según su perspectiva ideológica, que se someten a los intereses políticos y económicos de los dueños de los medios para los que trabajan o, peor aún, que acomodan su trabajo en función de los beneficios económicos personales que les facilita el poder político de turno o los grandes anunciantes. Y lejos de cosechar alguna "sanción" de sus lectores, oyentes o televidentes, mantienen una alta consideración popular. Tan importante y vasta como la de aquellos que trabajan seriamente y resisten el juego de intereses que los rodea.

Lo que para Tomás Eloy Martínez significaba emprender el inevitable camino del descrédito, en la actualidad puede convertirse en un pasaje al buen rating y al dinero. Hay que reconocer que esta suerte de pragmatismo comunicacional hizo escuela. No son pocos los que estudian Periodismo para "estar en la tele", "ser famosos" o "ganar mucho" sin importar la manera en la que se alcancen esos objetivos.

La pregunta más importante es por qué actitudes que hace tres o cuatro décadas sumarían repudio hoy son celebradas. No alcanza con plantear la defección de los comunicadores por voracidad económica o, en el mejor de los casos, por vocación militante. Tampoco la funcionalidad que esa manera de trabajar tiene para los poderosos de turno. Ni siquiera la ansiedad por conseguir más espacios o ascensos en el medio. Una de las respuestas más desafiantes pasa por analizar el comportamiento de las audiencias. Y lo primero que hay que decir es que a un sector del público aquello que antes los hubiese espantado ahora los atrae.

En el tiempo de la posverdad, a la hora de informarse, muchos prefieren confirmar sus prejuicios. No importa si lo que piensan tiene sustento real o no. No importa qué sucedió en realidad. No importa si les mienten mucho o un poco. Un porcentaje relevante de los consumidores de información se mueve como lo hacen los fanáticos en el fútbol. Quieren que su equipo gane y solo se permiten ver y escuchar lo que esté en línea con lo que desean. Un fanático suele negar lo evidente. Por esa razón, a la hora de publicar una información, para muchos editores pasó a segundo plano que una noticia esté validada. Es más significativo el impacto que pueda provocar y si ese impacto coincide tanto con las necesidades políticas del medio como con la expectativa del público-hinchada que consume el mensaje.

Este proceso de conformar al receptor de cualquier manera degrada los productos periodísticos. Los contenidos se simplifican como en los cuentos infantiles, con buenos y malos. Y está claro que los malos siempre son los otros. La llamada grieta política potenció ese tipo de construcciones mediáticas. Nunca antes la información falsa, las fuentes espurias, en muchos casos vinculadas a servicios de inteligencia, tuvieron tanto protagonismo en las agendas de medios tradicionales.

Emitir mensajes masticados y previsibles, conformar al público, hacer lo que necesitan los poderosos y disfrazarlo de periodismo profesional o independiente pueden ser caminos eficaces para hacer dinero. Desafiar a la hinchada, contrariarla, invitarla a pensar críticamente, puede ser un buen comienzo para volver a poner en duda lo que aparece como certero, exitoso e inevitable.

Perdón Borges por la cita pero que "nadie rebaje a lágrima o reproche" estas reflexiones. Son apenas un intento de señalar que, aunque pasen los años y se sume tecnología en el ejercicio profesional y el escenario de nuestro trabajo agregue complejidades como la concentración excesiva o la precarización laboral, el dilema central del periodismo sigue siendo ético. Defender la verdad de los hechos, resistir a las presiones y a la urgencia, apostar a la calidad, narrar con precisión, opinar con fundamento y ser fieles a uno mismo, son tareas indispensables si queremos contribuir a la construcción de una sociedad más justa y democrática.

Anexo documental
Los medios de comunicación, sus dueños, organizaciones empresarias y sindicales

Los medios de comunicación, sus dueños, organizaciones empresarias y sindicales[1]

Producción y texto: Tomás Marchetta (Becario UNQ) y Martín Becerra (UNQ, UBA y CONICET)

Mapa de Medios

Juan Carlos Miguel de Bustos (1993) define a la concentración como "un proceso, o el resultado de un proceso que, en un determinado conjunto, tiende a aumentar las dimensiones relativas o absolutas de las unidades presentes en él". En América Latina, los trabajos de Martín Becerra y Guillermo Mastrini han documentado la incidencia de la concentración en las distintas ramas de información y comunicación durante los últimos 20 años, estudiando cómo cada vez menos grupos y empresas controlan la mayor parte del volumen total de un mercado doblemente importante, por razones simbólicas y culturales en primer lugar, y por razones económicas y productivas en segundo lugar.

La concentración impacta en el sistema de medios de dos formas: externa e interna. Hacia afuera tiende a disminuir las fuentes de información y a unificar los contenidos, mientras que impide el ingreso y permanencia de operadores más pequeños y adquiere una

---

[1] Este apartado brinda información sobre el mapa de los principales grupos mediáticos del país y sobre el marco legal que rige al periodismo en la Argentina. También contiene referencias a las representaciones (sindicales y patronales) de medios de comunicación, así como organizaciones civiles y comunitarias del sector. No se incluyen otras formas de organización que no estén directamente vinculadas con el periodismo.

mayor capacidad de influir en las decisiones del estamento político. Hacia adentro, tiende a la uniformización de la línea editorial y de contenidos de los medios agrupados en el mismo conglomerado mientras que condiciona sus productos informativos en base a intereses económicos de los accionistas.

En tal sentido, Argentina está atravesada por una estructura mediática concentrada. Si bien el mercado de medios nacional cuenta con una amplia diversidad de propietarios en cuanto a su tamaño, los grupos de medios más grandes dominan una amplia porción del mismo, tanto en audiencias como en cantidad de medios, a la vez que exhiben una integración multimedia y conglomeral, con participación en la industria audiovisual, pero también en diarios (impresos y/o digitales) y en otras actividades económicas (mercados financieros, telecomunicaciones, servicios públicos, juegos de azar, entre otras). Además, la concentración en Argentina es también geográfica, puesto que las principales usinas de información y entretenimiento están localizadas en la zona metropolitana de Buenos Aires.

Debido a la concentración geográfica, de propiedad y de audiencias existente en el país, los grupos de medios más poderosos diseminan sus contenidos en todo el territorio, ejerciendo una influencia en la agenda mediática, política y pública a lo largo y ancho de Argentina. A continuación, se listan los principales grupos de medios de Buenos Aires y algunos otros considerados clave por su presencia en la estructuración del sector en el país.[2]

---

[2] No es pretensión del cuadro dar cuenta exhaustiva de los grupos de medios de cada provincia.

Grupo	Creación	Medios que agrupa	Propietario(s)
Afakot	2005	FM Radio Con Vos 89.9 (Buenos Aires), en copropiedad con Kuarzo Entertainment (70%), y Radio Dime AM 1420 (Buenos Aires).	Carlos Gorosito (50%) y Benjamín Vijnovsky (50%).
Albavisión (Argentina)	1987	Canal 9*, Arpeggio (televisión digital) y elnueve.com. Continental AM 590 (Buenos Aires) y 8 repetidoras, FM Los 40 105.5 (Buenos Aires), FM RQP 104.3 (Buenos Aires), FM Mucha Radio 97.1 (Buenos Aires), los40.com y continental.com en copropiedad con Grupo Prisa (45%)	Carlos Eduardo Lorefice Lynch (68.6%), Remigio Ángel González González (19%) y desconocido (12,4%).
Cadena 3	1990	Cadena 3 AM 700 (Córdoba), FM Popular 92.3 (Córdoba), FM Córdoba 106.9 (Córdoba), 33 repetidoras (entre radios propias y asociadas), cadena3.com, fmcordoba.com y lapopu.com.	Gustavo Defilippi (68%), Mario Pereyra (16%) y José Vargas (16%).
El Destape	2014	Eldestapeweb.com y Radio El Destape FM 107.3 (Buenos Aires).	Roberto Navarro (100%).
Grupo América	1996	América TV, Señal A24, El Siete (Mendoza), Canal 8 (San Juan), Canal 10 (Junín), La Red AM 910 (Buenos Aires) y repetidoras, FM Brava 94.9 (Mendoza), Radio Nihuil (FM 98.9/AM 680 - Mendoza), FM Montecristo 93.7 (Mendoza), FM Una 96.1 (Mendoza), FM Ayer 98.1 (Mendoza), FM 96.1 (Junín), americatv.com, a24.com, lared.am, diariouno.com.ar (Mendoza), radionihuil.com, elsietetv.com, primerafila.com, ovacion.com.ar, primiciasya.com y sanjuan8.com.	Claudio Belocopitt (40%), Familia Vila (30%) y José Luis Manzano (30%).

* La propiedad del canal está judicializada en Delaware, Estados Unidos, entre los socios propietarios de Albavisión (Argentina), González González y Lorefice Lynch.

Grupo Clarín	1999[**]	Diario Clarín, Diario Olé, Diario La Voz del Interior, Diario Los Andes, Revista Ñ, Revista Genios, Revista Jardín de Genios, Revista Pymes, Revista Elle, Canal 13 (Buenos Aires), Canal 12 (Córdoba), Canal 7 (Bahía Blanca), Canal 6 (Bariloche), repetidoras de programación varias, Señal TN, Señal Canal Rural, Señal Volver, Señal Metro, Señal Magazine, Señal Quiero Música, Señal TyCSports, Señal Canal (á), Radio Mitre (Buenos Aires), Radio Mitre (Córdoba), FM 100 (Buenos Aires), FM 94.1 (Mendoza), FM 99.5 (Tucumán), FM 96.3 (Bahía Blanca), FM 92.1 (Bariloche), FM 99.3 (Santa Fe), clarín.com, TN.com, cienradios.com, radiomitre.com, lavoz.com, losandes.com, viapaís.com (Buenos Aires, Córdoba, Mendoza, Rosario, Neuquén, Río Cuarto y San Nicolás), ciudad.com y cucinare.tv.	Héctor Magnetto (29,8%), Marcela Noble Herrera (24,8%); Felipe Noble Herrera (24,8%), José Aranda (10,3%), Lucio Pagliaro (10,2%) y GS Unidos LLC (9 %).[***] El 20% restante cotiza en las bolsas de comercio de Buenos Aires y de Londres.
Grupo Fascetto	1974	Diario Popular y diariopopular.com.	Familia Fascetto (100%).
Grupo Indalo	2001	Ámbito Financiero (Buenos Aires), Revista Noche Polar, Señal C5N (Buenos Aires), FM Mega 98.3 (Buenos Aires), FM Vale 97.5 (Buenos Aires), FM Pop 101.5 (Buenos Aires), FM One 103.7 (Buenos Aires), AM 710 Radio 10 (Buenos Aires), FM Del Mar 98.7 (Chubut), FM Patagonia Pop 90.3 (Chubut), minutouno.com, diarioregistrado.com, ratingcero.com, elpatagónico.com y ámbito.com.	Cristóbal López (70%) y Carlos Fabián de Souza (30%).

[**] Año de constitución como grupo, pero la empresa data de 1945 con la creación del diario Clarín por Roberto Noble.

[***] El grupo de accionistas es además socio mayoritario de Telecom Argentina, uno de los mayores operadores del rubro de las telecomunicaciones en el país.

Grupo Infobae	2002	Infobae.com, Infobae TV, Infobae América, PlayFútbol, Teleshow y Cripto 247.	Daniel Hadad (porcentaje desconocido) y Tomás Eurnekian (20% de Infobae América).
Grupo La Nación	1870	La Nación, Ohlala!, ¡Hola! Argentina, Rolling Stone, Lugares, Living, Brando, Jardín, LN Revista, Señal La Nación + y lanación.com.	Familia Saguier (60%), herederos de Bartolomé Mitre (10%) y desconocido (30%).
Grupo Moneta (Metromedia)	1977	FM Metro 95.1 (Buenos Aires) y repetidoras (Mar del Plata, Villa La Angostura, Bariloche y Ostende), FM San Isidro Labrador 95.5 (Buenos Aires), labrador955.com, metro951.com, pulsourbano.com, elfederal.com, infocampo.com y bacanal.com.	Familia Moneta (100%).
Grupo Octubre	2005	Página/12 (Buenos Aires), Rosario/12 (Rosario, Santa Fe), Salta/12 (Salta), Revista Caras y Caretas, Revista Planeta Urbano, Radio AM 750 (Buenos Aires), FM Malena 89.1 (Buenos Aires), FM Oktubre 89.1 (Buenos Aires), FM Aspen 102.3 (Buenos Aires), FM Club Octubre 94.7, FM Like 97.1 (Buenos Aires), FM 93.9 (Buenos Aires) Radio del Plata AM 1030 (Buenos Aires), amdelplata.com, Página12.com, Diario Z, Latinoamerica Piensa y Octubre TV.	Sindicato Único de Trabajadores de Edificios de Renta y Horizontal (SUTERH) (100%).
Grupo Olmos	2000	Diario Crónica, Diario BAE Negocios (Buenos Aires), CM - Canal de la Música, Crónica TV, FM Q 93.5 (Buenos Aires), crónica.com, cronicatv.com, diarioshow.com, veintitrés.com y depo.com.	Familia Olmos (100%).

Grupo Perfil	1976	Diario Perfil, Caras, Luz, Fortuna, Noticias de la semana, Mía, Joker, Crucigrama, Weekend, Supercampo, Hombre, Parabrisas, Look, Lunateen, Labores, Vivir Mejor, Break!, Buenos Aires Times, señal Net TV (copropiedad con Kuarzo Entertainment - 95%), Caras TV, FM Radio Perfil 101.9, perfil.com, radio.perfil.com, batimes.com, fortuna.perfil.com, noticias.perfil.com, hombre.perfil.com, weekend.perfil.com, delirio.perfil.com, joker.perfil.com, crucigrama.perfil.com, caras.perfil.com, lunateen.com, exitoína.perfil.com, canalnet.tv, marieclaire.perfil.com, luz.perfil.com, rouge.perfil.com, mía.perfil.com, supercampo.perfil.com y parabrisas.perfil.com.	Familia Fontevecchia (100%).
Grupo Prisa	1972	Continental AM 590 (Buenos Aires) y 8 repetidoras, FM Los 40 105.5 (Buenos Aires), FM RQP 104.3 (Buenos Aires), FM Mucha Radio 97.1 (Buenos Aires), los40.com y continental.com en copropiedad con Albavisión (55%).	Joseph Oughourlian (26,3%) y socios menores (73,7 %).
Grupo Telecentro	1990	Canal 26, Señal Telemax, Señal Music Top, Señal Tierra Mía, FM Latina 101.1 (Buenos Aires) y una repetidora (Villa La Angostura), diario26.com y latina101.com	Familia Pierri (100%).

Grupo Televisión Litoral	1965	Canal 3 (Rosario), Radio Dos AM 1230 (Rosario), FM Vida 97.9 (Rosario), FM Frecuencia Plus 93.1 (Rosario) y rosario3.com.	Familia Daminato-Scaglione (55%), Ana Cecilia Gollán (19,84%), Carlos Ernesto Daumas (12,88%), Ángel Cardoso (3,24%), Claudio y Desireé Katester (5,4%), y socios menores (3,64%). A su vez, Grupo Televisión Litoral integra la sociedad dueña de Multimedio La Capital de Rosario (del decano de la prensa argentina, los diarios Uno de Santa Fe y el de Paraná, las radios LT8, FM Del Siglo).
Kuarzo Entertainment	2017	Señal Net TV en copropiedad con Grupo Perfil (5%), FM Radio Con Vos 89.9 (Buenos Aires) en copropiedad con Kuarzo Entertainment (30%) y Canal KZO.	Martín Kweller (70%) y socios menores (30%).
La Gaceta de Tucumán	1912	La Gaceta de Tucumán (Tucumán), LG Play (Tucumán), lagaceta.com, lagacetasalta.com y LG Literaria.	Familia García Hamilton (Porcentaje desconocido).
Sistema Federal de Medios y Contenidos Públicos	1937	Boletín Oficial de la República Argentina, Canal 7 (TV Pública), Canal Encuentro, Canal Paka-Paka, Canal DeporTV, Canal 12 (Trenque Lauquen), RAE (Radio Argentina al Exterior, por onda corta), Radio Nacional (AM 870 de Buenos Aires) y 47 repetidoras, FM Clásica 96.7, FM Folklórica 98.7, FM Rock 93.7, tvpublica.com, radionacional.com, encuentro.gob.ar, paka-paka.gob.ar, dxtv.gob.ar, telam.com.ar y cont.ar.	Estado Argentino (100%).

Tiempo Argentino	2016	Tiempo Argentino (Buenos Aires) y tiempoar.com	Cooperativa de Trabajo Por Más Tiempo Limitada (100%).
Viacom (Argentina)	1989	Canal 11 (Buenos Aires), Canal 8 (Córdoba), Canal 5 (Rosario), Canal 8 (Mar del Plata), Canal 9 (Bahía Blanca), Canal 7 (Neuquén), Canal 11 (Salta), Canal 13 (Santa Fe), Canal 8 (Tucumán), telefe.com y telefenoticias.com.	Sumner Redstone (70%) y socios menores (30%).

Leyes que rigen la profesión

En Argentina, no existe propiamente una ley de prensa, tampoco hay una ley de medios (que comprenda a todos los soportes) ni de ejercicio del periodismo, como sí existen en otros países. Sin embargo, hay un cuerpo de normas, convenios colectivos de trabajo, tratados internacionales y artículos constitucionales que regulan parcialmente y marcan las directrices legales para el funcionamiento de algunos medios, así como también para el desempeño del periodismo en el país, consagrando derechos, responsabilidades y obligaciones por parte de los trabajadores, los empresarios y del Estado. Estas normas son:

1. Constitución Nacional de la República Argentina - Artículos 14, 32, 42, 43, 68 y 83.
2. Convenio Colectivo Nacional de la Prensa Televisada 124/75.
3. Convenio Colectivo Nacional de la Prensa Escrita y Oral 301/75.
4. Convenio Colectivo Nacional de los Trabajadores de Prensa 541/08.
5. Decreto ley 13.839/46 del Estatuto del Empleado Administrativo de Empresas Periodísticas.
6. Ley 12.908 del Estatuto del Periodista Profesional.
7. Ley 14.250 de Negociación Colectiva.

8. Ley 14.932 de Ratificación del Convenio 87 de la Organización Internacional del Trabajo sobre Libertad Sindical y Protección del Derecho de Sindicación.
9. Ley 20.744 de Contrato de Trabajo.
10. Ley 23.054 de Ratificación de la Convención Americana de Derechos Humanos (Artículo 13).
11. Ley 23.546 de Procedimiento de Negociación Colectiva.
12. Ley 23.551 de Asociaciones Sindicales.
13. Ley de Servicios de Comunicación Audiovisual 26522 (regula parcialmente contenidos de interés general en radio y tv).

Organizaciones representativas

Organizaciones sindicales

La libertad sindical y de asociación es un derecho consagrado en Argentina, lo que significa reconocer y garantizar el derecho de los trabajadores a organizarse, recurrir a la huelga y negociar colectivamente, entre otros. Es decir, bajo este principio no solo se protegen intereses económicos, sino también libertades civiles como la seguridad, la integridad, la libertad personal y colectiva. La libertad sindical es parte fundamental del accionar autónomo, sin injerencias del Estado o de los empleadores, de las organizaciones gremiales.

Los periodistas, como trabajadores, ejercen este derecho al fundar, afiliarse y participar de entidades gremiales como sindicatos o federaciones. A continuación, se listan y describen la Federación Argentina de Trabajadores de Prensa (FATPREN) y los sindicatos del área metropolitana de Buenos Aires.

No obstante, existen otras asociaciones gremiales de trabajadores de medios no estrictamente periodísticos, tales como el Sindicato Único de Trabajadores del Espectáculo Público (SUTEP) que, fundado en el año 1953, agrupa a trabajadores de radio de alta y baja potencia, entre otros rubros como los circos y teatros, o el Sindicato

Argentino de Locutores y Comunicadores (SALCO),[3] creado el 3 de julio de 1943 con el objetivo de representar a los locutores nacionales y locales de radio y televisión, en relación de dependencia y/o independientes de Argentina. Además, en otras regiones del país también hay sindicatos de prensa con gran peso y cantidad de afiliados, tales como el Sindicato de Prensa de Rosario (SPR), que data del año 1947, y el Círculo Sindical de la Prensa y la Comunicación de Córdoba (CISPREN), que comenzó su vida institucional el 23 de septiembre de 1953.

Federación Argentina de Trabajadores de Prensa (FATPREN)

FATPREN se funda el 18 de junio de 1957. Adherida a la Confederación General del Trabajo (CGT), es una entidad gremial que agrupa a treinta y seis (36) sindicatos de prensa de la República Argentina, que pagan una cuota mensual de afiliación correspondiente al diez por ciento (10%) de lo recaudado en concepto de cuota sindical.

Tiene por objetivo organizar y representar gremial y socialmente a todos los trabajadores que se encuentren encuadrados dentro del Estatuto del Periodista Profesional. De este fin, se desprenden defender los derechos y mejorar las condiciones de vida, salariales y formas de trabajo del sector; concertar convenios colectivos de trabajo, e inculcar derechos y obligaciones de cooperación, ayuda social y mutualista (por ejemplo, la Obra Social del Personal de Prensa de la República Argentina).

La FATPREN está dirigida y administrada por tres órganos representativos: el Congreso Nacional, el Plenario Nacional de Secretarios Generales y el Secretariado General.

Sus autoridades actuales son Carla Gaudensi, secretaria general; Pablo Jiménez, secretario adjunto; Flavio Ramírez, secretario gremial; Carlos Saglul, prosecretario gremial; María Ana Mandakovic, secretaria de organización; Alejandro Brittos, secretario de interior; Miguel Iademarco, prosecretario de interior; Santiago Magrone,

---

[3] También es conocido como Sociedad Argentina de Locutores (SAL).

secretario tesorero; Jorge Naón, prosecretario tesorero; Atilio Ramírez, secretario de administración y de actas; Cintia Mignone, prosecretaria de administración; María Dolores Fleitas, secretaria de asistencia social; Guido Dreizik, secretario de relaciones internacionales; Silvina Ríos, secretaria de derechos humanos; Francisco Rabini, secretario de prensa; Rodrigo Castaño, prosecretario de prensa; Flavio Frangolini, secretario de capacitación, cultura y asuntos profesionales; José Antonio Villanueva, prosecretario de capacitación, cultura y asuntos profesionales; Rosana Calneggia, vocal titular primera; Horacio Vallejos, vocal titular segundo; Eva Karina Herrera, vocal titular tercera; Silvano Rosso, vocal suplente primera; Noelia Irene Barrios, vocal suplente segunda, y Alejandro Benito, vocal suplente tercero. El mandato de las autoridades comenzó en 2020 y se extiende hasta 2024.

Sindicato de prensa de Buenos Aires (SIPREBA)

SIPREBA se funda el 7 de junio de 2015. Es una entidad gremial que agrupa trabajadores de medios escritos, radiales y televisivos tradicionales y comunitarios en el ámbito de la Ciudad Autónoma de Buenos Aires. Surge como resultado de un plebiscito realizado en diciembre de 2014 con motivo de conformar una herramienta de representación sindical por fuera de la Unión de Trabajadores de Prensa de Buenos Aires (UTPBA).

Tiene por objetivo la defensa de los intereses legales, gremiales y sociales de los trabajadores representados, que, salvo excepciones, deben abonar una cuota social. Además de velar por los derechos salariales, de previsión social y sindicales de sus afiliados, también tiene como meta la protección al derecho a la libre expresión, entendiendo a la libertad de trabajo del trabajador de prensa como extensión de la misma; la construcción de una comunicación plural y democrática, y la defensa del derecho a la comunicación como un derecho humano fundamental.

Cuenta con cinco órganos institucionales: Asambleas, Comisión Directiva, Comisión Revisora de Cuentas, Junta Electoral y cuerpo de delegados.

Las autoridades actuales son Fernando Dondero, secretario general; Rubén Schofrin, 1° secretario adjunto; Carlos Saglul, 2° secretario adjunto; Carla Gaudensi, secretaria de Acción Social; Agustín Lecchi, secretario de Organización; Francisco Rabini, secretario de Tesorería; Ana Paoletti, secretaria de Actas; Ana Torna; secretaria de Género; Fernando Pedernera, secretario de Prensa, César Nenna, prosecretario gremial; Santiago Magrone, secretario de Relaciones Sindicales; Randy Stagnaro, secretario de Cultura y Juventud; Tomás Eliaschev, secretario de Derechos Humanos; Raúl Ferrari, secretario de Asuntos Profesionales, y Daniela Gisbert, Juan Carlos Rodríguez y Sofía Benavídez, vocales. La Comisión Revisora de Cuentas está integrada solo por Mariano Caruso. El mandato de las autoridades comenzó en 2016 y finaliza en 2020.[4]

Unión de Trabajadores de Prensa de Buenos Aires (UTPBA)

UTPBA se funda el 25 de septiembre de 1986. Nuclea y representa a periodistas, trabajadores de prensa y comunicadores sociales del Área Metropolitana de Buenos Aires (AMBA), pero también canaliza demandas y solicitudes de asesoramiento para la promoción y desarrollo de medios comunitarios y cooperativos. Tuvo un gran desprendimiento al crearse el SIPREBA.

Su máximo órgano decisor es la Comisión Directiva, que ejerce su mandato por cuatro años con posibilidad de reelección inmediata y es elegida por el voto directo de los afiliados. Su actual representación, que entró en funciones en 2018 y finaliza en 2022, consta de Lidia Fagale, secretaria general; Leandro Torres, secretario adjunto; Fernando Lorenzo, secretario gremial; Fernando Castro, prosecretario gremial; Gustavo Borinelli, secretario de Organización; Daniela Dicipio, prosecretaria de Organización; Diego Della Corna, secre-

---

[4] Debido a la pandemia por COVID-19, las elecciones del sindicato, fechadas para 29 de abril, fueron pospuestas.

tario tesorero; Fernando Frustaci, prosecretario tesorero; Mariela Molina, Secretaria Administrativa y de Actas; Raúl Barr, secretario de Acción Social; Alejandra Mancuso, prosecretaria de Acción Social; Gustavo Vargas, secretario de Prensa y Propaganda; Guido Fernández Parmo, secretario de Cultura y Deportes; Leticia Amato, secretaria de Asuntos Profesionales; Daniel das Neves, secretario de Relaciones Sindicales; Anahí Mas, secretaria de Derechos Humanos; Aldo Alessandrini, secretario de Previsión Social; Carlos Baldino, secretario de Juventud; Jorge Avila, secretario de Colaboradores, y Luis Medina, Alberto Borda, Florencia Copley, Daniel Gómez, Ariel Fronte, Nora Lafón y Verónica De Lourdes como vocales titulares.

Organizaciones patronales

Asociación de Entidades Periodísticas Argentinas (ADEPA)

ADEPA fue creada el 14 de diciembre de 1962, en la sede del Círculo de la Prensa de Buenos Aires, por 38 directivos de diarios, entre los que se destacaron Alberto Gainza Paz de La Prensa (primer presidente); Carlos Ovidio Lagos de La Capital (primer vicepresidente 1°); Ricardo Peralta Ramos de La Razón, y Diana Julia de Massot de La Nueva Provincia, entre otros. En la actualidad, agrupa a 180 empresas periodísticas de todo el país, editoras de diarios, periódicos, revistas y sitios web.

El máximo órgano decisor de ADEPA es el Consejo Ejecutivo, que agrupa a representantes y miembros de los directorios de las empresas periodísticas, tiene un mandato de un año y se elige mediante el voto de los socios activos (133 en la actualidad) en elecciones.

El consejo ejecutivo en funciones comenzó su mandato en 2019 y lo finaliza en 2020. Y su composición actual consta de Martín Etchevers, presidente (Clarín, Buenos Aires); Diego Fuentes, vicepresidente 1° (Diario Huarpe, San Juan); Nahuel Caputto, vicepresidente 2° (El Litoral, Santa Fe); Miguel Gaíta, secretario general (La Palabra, Berazategui); Carlos Azzariti, secretario de Organización (Página/12, Buenos Aires); Agustino Fontevecchia, secretario de Relaciones Institucionales (Editorial Perfil, Buenos Aires.); Claudia Bogado de Read, secretaria de Actas (La Mañana, Formosa); Francisco Muñoz, tesorero (OPI Santa Cruz, Río Gallegos); Ramona Maciel, protesorera (La Voz del Pueblo, Tres Arroyos); José Claudio Escribano (La Nación, Buenos Aires), Guillermo Ignacio (TSN Necochea, Necochea, Buenos Aires), Gustavo Ick (El Liberal, Santiago del Estero), Daniel Dessein (La Gaceta, Tucumán), Juan Boglione (Nueva Rioja, La Rioja) y Julio César Bono (Crónica, Buenos Aires) como vocales titulares, y Roberto Suárez (Jornada, Mendoza), Néstor Balian (Nueva Época, Wilde), Gustavo Elías (La Nueva, Bahía Blanca), Juan Carlos Fernández Llano (Diario El Libertador, Corrientes), Cecilia Gargatagli (Mirador Provincial, Santa Fe) y Patricia Pérez (El Economista, Buenos Aires) como vocales suplentes.

Asociación de Teleradiodifusoras Argentinas (ATA)

ATA fue creada el 7 de septiembre de 1959 con el propósito de representar a los canales de televisión abierta y gratuita del país. Dado el contexto de su fundación, coincidente con los inicios de la industria televisiva en Argentina, se la denominó como "una herramienta para fortalecer el crecimiento y la expansión del audiovisual nacional."

En la actualidad, cuenta con 23 canales asociados, tales como América TV, Canal 9 de Buenos Aires, Canal 12 de Córdoba y Canal 13 de Santa Fe, entre otros, a los que, además de representación, brinda asesoramiento legal y tributario; organiza cursos y talleres de capacitación para sus trabajadores, y realiza informes periódicos sobre audiencias y economía del sector.

El Consejo Directivo es el máximo órgano decisor de ATA. Tiene un año de mandato y es elegido mediante el voto directo de sus miembros durante la Asamblea General Ordinaria, instancia institucional que se celebra anualmente. Su actual composición, que entró en funciones en 2019 y finaliza en 2020, consta de Claudio Ipolitti (Canal 11 de Buenos Aires), presidente; Eugenio Sosa

Mendoza (Canal 13 de Buenos Aires), vicepresidente 1°; Agustín Vila (América TV), vicepresidente 2°; Juan Jenefes (Canal 7 de Jujuy), secretario; Mariano Alonso (Canal 9 de Mendoza), prosecretario; Lucas González (Canal 11 de Buenos Aires), tesorero; Adriana Maleplate (Canal 9 de Buenos Aires), protesorera; Adrián Gallo (Canal 3 de Rosario), Ezequiel Magnetto (Canal 7 de Bahía Blanca), Rodolfo Carlos Federico (Canal 10 de Mar del Plata), Paula Guerra (Canal 11 de Buenos Aires), Daniel Zanardi (Canal 12 de Córdoba), Ricardo Nosiglia (Canal 13 de Río Cuarto), Félix María Gómez Danuzzo (Canal 13 de Corrientes) y Juan Manuel Cordón (Canal 21 de Buenos Aires) como vocales.

Asociación de Radiodifusoras Privadas Argentinas (ARPA)

ARPA, entidad que agrupa a las empresas privadas de radiodifusión del país, fue creada el 28 de abril de 1958 por iniciativa de quince adjudicatarios de radioemisoras, entre los que destacaron Ramiro García de LV6 Radio Mendoza (primer presidente) y Fernando Romero de LU9 Radio Mar del Plata (primer vicepresidente), entre otros. Sobre este hecho fundacional, cabe destacar la presencia del futuro empresario de medios Alejandro Romay, quien participó en representación de Huella S.R.L, licenciataria de LS10 Radio Libertad por ese entonces. Sin embargo, Romay no integró la primera comisión directiva en representación de Radio Libertad, sino Oscar López Pájaro.

El Consejo Directivo es el máximo órgano institucional de ARPA. Tiene dos años de mandato y es elegido mediante el voto directo de sus miembros durante la Asamblea General Ordinaria, instancia institucional que se celebra anualmente. Su actual composición, que entró en funciones en 2019 y finaliza en 2021, consta de Edmundo Omar Rébora (LS4 Radio Continental, Buenos Aires), presidente; Carlos María Molina (LV3 Radiodifusora del Centro, Córdoba), vicepresidente; Luis Tarsitano (LV9 Radio Salta, Salta), vicepresidente 2°; Eugenio Sosa Mendoza (LR6 Radio Mitre, Buenos Aires), secretario; Horacio Santiago Lynch (IMC Radios, Buenos Aires), prosecretario; Gustavo Medone (LRI710 Radio Panda, Buenos Aires), tesorero; Ignacio Vivas (LRL202 Radio 10, Buenos Aires), protesorero, y Carlos Trincavelli (LT35 Radio Mon, Provincia de Buenos Aires), Féliz Gómez Danuzzo (LT7 Radio Provincia de Corrientes, Corrientes), Ricardo Merlí (LU2 Radio Bahía Blanca, Provincia de Buenos Aires), Ramiro Cozzani (LR4 Radiodifusora Buenos Aires, Buenos Aires), Carlos Wigandt (LV6 Radio Nihuil, Mendoza), Marcela Patané Hladilo (LR5 Radio La Red, Buenos Aires), Martín Andrés Berrade (LU17 Radio Golfo Nuevo, Chubut), José Ponzoni (LRH200 Radio Chajarí, Entre Ríos), Daniel Pietroboni (LRM991 FM Melody, Entre Ríos), Norberto Solís (LRM808 Radio Local, Provincia de Buenos Aires) y Mario Terzano (Radio Cultura, Buenos Aires) como vocales.

Asociación de Diarios del Interior de la República (ADIRA)

ADIRA se funda en el año 1975 como una entidad que nuclea a diarios y periódicos editados en Argentina, con excepción de la Ciudad Autónoma de Buenos Aires, que tiene por objetivo promover la presencia y vigencia de la actividad periodística en el ámbito regional. Hoy cuenta con más de cuarenta socios, tales como el Diario de la República (San Luis), La Arena (La Pampa), Diario UNO (Entre Ríos) y La Voz del Interior (Córdoba), entre otros.

Al igual que otras asociaciones empresarias, representa a sus socios ante organismos públicos y privados, actuando ante actividades y problemáticas que se entrecruzan con el quehacer editorial: la provisión de insumos (como el papel prensa), las políticas arancelarias y las regulaciones normativas que los afecten. También actúa en el campo de las relaciones laborales, interviniendo en la discusión de convenios colectivos de trabajo; brinda capacitaciones en los medios asociados, y organiza eventos, debates y talleres con el fin de "defender la libre circulación, distribución y comercialización de los diarios en todo el territorio nacional."

Asociación Argentina de Televisión por Cable (ATVC)

ATVC se funda el 4 de diciembre de 1980 con el objetivo de fortalecer, a través de una cámara empresaria propia, la negociación de las cableoperadoras, sector que venía ya haciendo camino en Argentina desde 1963. Su primera denominación fue Asociación Argentina de Antenas Comunitarias y Circuitos Cerrado de Televisión (AACCCTV). Luego, pasó a llamarse Asociación de Televisión por Cable (ATC) en 1982 hasta que adoptó su identidad actual a principios de la década de los noventa.

Representación institucional; asesoramiento legal, impositivo y técnico, y evaluación de estándares técnicos y marcos regulatorios son algunos de los beneficios que reciben y pueden solicitar los miembros asociados (quince en la actualidad). También ofrecen capacitaciones; realizan informes internos del sector; organizan convenciones internacionales (las Jornadas ATVC se celebran una vez por año desde 1989); entregan premios y publican una revista con temas de la industria: programación, equipamiento, servicios y, más recientemente, telecomunicaciones.

Su máximo órgano institucional es la Comisión Directiva, cuyo mandato tiene dos años de duración. Su actual composición, que entró en funciones en 2018 y finaliza en 2020, consta de Walter Burzaco, presidente; Jorge Di Blasio, vicepresidente 1°; Armando Ametrano, vicepresidente 2°; Juan Zuccoli, secretario general; Hernán Verdaguer, prosecretario; Daniel Celentano, tesorero; Lucio Gamaleri, protesorero, y Alberto Genovese, Raúl Possetto, Daniel Delfino, Ricardo Masini, Iván Lorenzo, Francisco Barreto, José Ponzoni, Fabián Di Cicco y Federico Fornelli como vocales. También participan Raúl Suárez, Jorgelina Ventura, Eduardo Uría y Cristina Autorino como vocales suplentes, mientras que Roberto Argaña, Jorge Busquets y José González son revisores de cuentas.

Otras asociaciones

Existen entidades empresariales que, si bien no tienen la misma representación o peso que las descritas anteriormente, vale la pena mencionarlas por su creciente alcance regional. Dentro de este grupo, se encuentran la Asociación de Periodismo Digital (APD), que –fundada en 2016 por los portales Letra P (La Plata), MDZ (Mendoza) y La Política Online (Buenos Aires), entre otros– agrupa a medios nativos digitales; la Asociación de Radiodifusoras Bonaerenses y del Interior de la República Argentina (ARBIA), creada en 2004 con el objetivo de "representar federalmente a las pequeñas y medianas radios AM y FM del país", y la Asociación Bonaerense de Televisión (ABT), que desde 1991 nuclea a los titulares de circuitos cerrados comunitarios de televisión y de cableoperadoras de la Provincia de Buenos Aires.

Organizaciones de la sociedad civil y comunitarias

Foro Argentino de Radios Comunitarias (FARCO)

FARCO se funda el 26 de septiembre de 1998 con el objetivo de agrupar a las radios populares y comunitarias de Argentina que retoma la labor de ARCO, creada la década anterior. Hoy cuenta con 91 asociados que son medios cuya "finalidad principal es ser una herramienta al servicio de la sociedad y no una simple actividad comercial y lucrativa".

La asociación está dirigida y administrada por una Mesa Nacional de nueve miembros titulares. Su mandato dura dos años, no pueden ser reelegidos consecutivamente más de un período y son electos a través del voto directo de los socios activos (radios populares que produzcan a diario y formen parte de FARCO), no así de los aspirantes. Su composición actual consta de Pablo Antonini (Radio Estación Sur, Provincia de Buenos Aires), presidente; Cristina Cabral (Radio Encuentro, Río Negro), vicepresidenta; Ramiro Cháves (Radio la Ronda, Córdoba), secretario; Juan Delú (Radio Futura, Provincia de Buenos Aires), y Daniel Fossaroli (Aire Libre, Santa Fe), Carolina Ozan (El Brote, Córdoba), Maitén Cañicul (Pocahullo, Neuquén), Miguel Ambas (La Lechuza, San Juan) y Lucas Molinari (Gráfica, Buenos Aires) como vocales.

Asociación Mundial de Radios Comunitarias-Argentina (AMARC)

AMARC es una asociación internacional fundada en 1983 en Montreal, Canadá, en el contexto del Año Mundial de las Comunicaciones promovido por la Organización de Naciones Unidas (ONU). En 1990, se creó el capítulo destinado a América Latina y Caribe y, para 2008, llegó la filial argentina luego de un proceso de descentralización.

Según su estatuto, su principal objetivo es "la democratización de las telecomunicaciones de manera que se garantice el derecho de acceso de la sociedad civil al espectro radioeléctrico". Pueden asociarse radios comunitarias (emisoras que se definen por su carácter participativo, desde el que tratan de aportar insumos a las comunidades en las que se asientan para construir ciudadanía), centros de producción radiofónica y comunicadores sociales que cuenten con el aval de dos organizaciones ya afiliadas. Tiene 32 miembros en la actualidad.

Federación Asociativa de Diarios y Comunicadores Cooperativos de la República Argentina (FADICCRA)

FADICCRA se funda a principios de 2009 como resultado de un proceso de integración iniciado un año antes, cuando los trabajadores de las cooperativas Copegraf (La Rioja), La Prensa (Chaco), Comunicar (Córdoba) y Comercio y Justicia (Córdoba) conformaron la Asociación de Diarios Cooperativos. La federación, que hoy supera las veinte entidades asociadas, tiene por objetivo "visibilizar y promover el periodismo autogestivo desde una perspectiva que aporte a la democratización de las comunicaciones".

Coordinadora de Televisoras Alternativas (CONTA)

CONTA surge en el año 2015 como una asociación de Pares TV, Barricada TV, Urbana Tevé, Surajó TV y Giramundo TV. En ese momento, estos canales de televisión comunitaria buscaban que la Autoridad Federal de Servicios de Comunicación Audiovisual

(AFSCA) les asignase una licencia para explotar, tal y como lo dicta la Ley de Servicios de Comunicación Audiovisual (LSCA), que reserva el 33 por ciento del espectro para uso de medios sin fines de lucro. A fines de ese año, se les otorgaron licencias a Barricada TV, Urbana TeVé y Pares TV, pero con la firma del DNU 267/15 por parte del presidente Mauricio Macri, AFSCA se fusionó con la Autoridad Federal de Tecnologías de la Información y las Comunicaciones (AFTIC), dando origen al Ente Nacional de Comunicaciones (ENACOM), que no reconoció la asignación hasta fines de 2016. No obstante, y pese a que estos tres canales[5] fueron incluidos en la Televisión Digital Terrestre (TDA), las principales cableoperadoras del país se niegan a incluirlos en sus grillas.

Hoy, al igual que en su fundación, persigue el reconocimiento de los canales comunitarios de televisión; la defensa del 33 por ciento del espectro para prestadores sin fines de lucro y la realización de las licencias por concurso; el ingreso pleno en las grillas de las empresas de proveedoras de cable, y la asignación de publicidad estatal oficial en igualdad de condición que los medios de comunicación con fin de lucro.

Otras entidades

Academia Nacional de Periodismo (ANP)

La ANP fue creada el 24 de mayo del año 1987 por iniciativa de un grupo de periodistas entre los que se distinguen Lorenzo Dagnino Pastore (primer presidente), Bernardo Ezequiel Koremblit (primer vicepresidente) y el humorista gráfico Juan Carlos *Landrú* Colombres. Se llamó entonces Academia Argentina de Periodismo hasta que el 13 de octubre de 1992, mediante el Decreto 1879 de Carlos Menem, quedó incorporada al régimen de las academias nacionales bajo su denominación actual. Es representativa de una élite de directivos y periodistas con responsabilidad de edición o

---

[5] También se incorporó el canal comunitario Comarca Si (Florida, Vicente López, Provincia de Buenos Aires).

conducción en espacios centrales de los medios de comunicación del país. Es una organización cerrada que, en general, está en sintonía con las conducciones empresariales de los grandes medios a los que pertenecen sus miembros.

La Mesa Directiva actual está compuesta por Joaquín Morales Solá como presidente; Jorge Fontevecchia, vicepresidente 1º; Nelson Castro, vicepresidente 2º; Silvia Naishtat, secretaria; Fernando Sánchez Zinny, prosecretario; Osvaldo Granados, tesorero, y Alberto Munin, protesorero. Su mandato comenzó a principios de 2020 y se extiende hasta el año 2022.

Foro de Periodismo Argentino (FOPEA)

FOPEA fue creado el 24 de diciembre del año 2002 a instancias de un grupo de profesionales de medios y docentes, como Daniel Santoro, Miguel Wiñazki, Fernando Ruiz y Pablo Mendelevich. Es una entidad con representatividad en estamentos intermedios y altos de las redacciones de todo el país, cuyas figuras más influyentes son periodistas y conductores notorios de los grandes medios comerciales con activa intervención editorial en la discusión pública nacional.

Constituida como una asociación civil, cuenta con una Comisión Directiva *ad honorem* de catorce miembros y un staff laboral que percibe ingresos. Los primeros, cuyo mandato tiene dos años de duración máxima, se ocupan de la representación de la asociación, convocatoria de asambleas y admisión o sanción de socios, mientras que los segundos se encargan de realizar las actividades diarias que hacen al funcionamiento de FOPEA.

En la actualidad, cuentan con 602 socios. La Comisión Directiva está compuesta por Fernando Ruiz, presidente; Paula Moreno, vicepresidente; Claudio Jacquelin, secretario; Julio Perotti, prosecretario; Jessica Ferradas, tesorera; Fernando Stanich, protesorero; Abel Escudero Zadrayec, Judith Córdova y Mariana Muriel Fernández, vocales titulares, y Mariana Geréz, Ezequiel Franco y Diego Granda, vocales suplentes. Por el otro, el titular del Órgano Fiscalizador es

Denise Rabin y su suplente, Daniel Enz. El mandato de las autoridades comenzó en 2019 y se extiende hasta 2021.

Asociaciones temáticas

Existe un grupo de asociaciones de periodistas que bien vale la pena mencionar por su antigüedad, historia y representatividad, tales como la Asociación de Cronistas Cinematográficos de la Argentina (fundada el 23 de diciembre de 1957, reúne a los periodistas especializados en cine); la Asociación de la Prensa Parlamentaria de Argentina (fundada el 6 de marzo de 2008, agrupa a los periodistas acreditados ante la Cámara de Diputados y de Senadores de la Nación y que cubren los acontecimientos legislativos para distintos medios del país); el Círculo Argentino de Periodistas Agrarios (fundada el 26 de enero de 1956, pertenecen a esta entidad los periodistas especializados en temáticas vinculadas al sector agroindustrial); el Círculo de Periodistas de la Provincia de Buenos Aires (fundada el 1° de enero de 1908, es una de las asociaciones de periodistas más antiguas de Argentina. Tiene entre sus logros la promoción del 7 de junio como el Día del Periodista y la creación de la Escuela Argentina de Periodismo el 16 de mayo de 1935, que, posteriormente, se transformaría en la Facultad de Periodismo y Comunicación Social de la Universidad Nacional de La Plata), la Federación Argentina de Periodistas Deportivos (fundada el 31 de mayo de 1954, la federación está compuesta por 22 círculos de periodistas deportivos de todo el país. Agrupa a los periodistas especializados en la cobertura de las disciplinas deportivas), y la Red Argentina de Periodismo Científico (constituida en el 2007, agrupa a más de 100 periodistas de ciencia. Tiene por objetivo la "reflexión crítica sobre la relación entre ciencia, medios y sociedad").

Los autores

Cristian Alarcón

Es escritor y periodista. Desde comienzos de los años noventa se dedicó al periodismo de investigación y a la escritura de crónicas. En sus libros *Cuando me muera quiero que me toquen cumbia* y *Si me querés, quereme transa* cruza la literatura con la etnografía urbana convirtiendo relatos urgentes en novelas de no ficción. En el libro *Un mar de castillos peronistas* escribe crónicas de viaje y perfiles de personajes disidentes. Fundó la revista *Anfibia* y el sitio *Cosecha Roja*. Experimenta con los límites de la narrativa de no ficción hasta llevarla a una última experiencia de performance periodística. Fue profesor visitante en la Universidad de Austin-Texas, Estados Unidos, y en la Universidad de Lille, Francia. Es Maestro en la Fundación Gabo. Recibió el Samuel Chavkin Prize, el Premio Konex y el Premio Perfil a la libertad de expresión. Es profesor titular en UNLP y dirige la Maestría en Periodismo Narrativo de Anfibia y la Escuela de Humanidades de la UNSAM.

Hugo Alconada Mon

Es Prosecretario de Redacción del diario *La Nación*, Maestro de la Fundación Gabriel García Márquez para el Nuevo Periodismo Iberoamericano (FNPI) y profesor de cursos de posgrado de la Universidad de Columbia en Estados Unidos. Es columnista del *New York Times* en español y colabora con *The Washington Post* en español. Es abogado por la Universidad de La Plata; magíster en Artes Liberales por la Universidad de Navarra, España, y *Visiting Scholar* en la Universidad de Missouri-Columbia, Estados Unidos. Recibió los premios Adepa (2000, 2012 y 2016), SIP (Sociedad Interamericana de Prensa, 2009), Transparencia Internacional-IPYS (2011 y 2014) y Kónex de Platino (2017), entre otros. Es miembro del equipo que difundió *Wikileaks* y del *International Consortium of Investigative Journalists* (ICIJ) que desarrolló las investigaciones globales *Panamá Papers* y *Paradise Papers*, recibió los premios Pulitzer (2017), SIP (2017), George Polk Award (2018), como así también el Editor & Publishers Award (2019) por la investigación regional *"Bribery Division"* sobre Odebrecht y el Lava Jato. Es autor de seis libros y coautor de otros cuatro.

Noelia Barral Grigera

Es periodista y columnista política.Nació en Lomas de Zamora, estudió Comunicación Social en la UNLZ y Ciencia Política en Flacso. Trabajó en la agencia Noticias Argentinas, el diario *El Cronista*, las radios Metro 95.1 y Radio Con Vos y en el canal de noticias C5N, además de "freelancear" para revistas como *Anfibia* y *Crisis*. Durante una década se destacó como cronista parlamentaria. Es coautora de *El otro yo*, la biografía del empresario Nicolás Caputo y colaboró en algunos otros libros. Desde 2019 es titular de la cátedra Televisión en la Facultad de Ciencias Sociales de la Universidad Nacional de Lomas de Zamora.

Martín Becerra

Es Investigador Principal en el Conicet y Profesor Titular en la Universidad Nacional de Quilmes (UNQ) y en la Universidad de Buenos Aires (UBA). Doctor en Ciencias de la Información (Universidad Autónoma de Barcelona), donde también se recibió de Magíster en Ciencias de la Comunicación. Es especialista en políticas de medios, telecomunicaciones y TIC. Publicó, entre otros libros, *La concentración infocomunicacional en América Latina (2000-2015): nuevos medios y tecnologías, menos actores*, en coautoría con Guillermo Mastrini (2017); *De la concentración a la convergencia: políticas de medios en Argentina y América Latina* (2015); *Cajas mágicas: el renacimiento de la tv pública en América Latina*, con Ángel García Castillejo, Óscar Santamaría y Luis Arroyo (2013); y *WikiMedia-Leaks: la relación entre medios y gobiernos en América Latina bajo el prisma de WikiLeaks*, con Sebastián Lacunza (2012). Fue periodista y se desempeñó como redactor de los diarios *El Cronista* y *Extra*, y colaborador de las revistas *Humor*, *Crisis* y los periódicos *Perfil* y *LetraP*. Ha asesorado a organismos internacionales, nacionales, legisladores de distintos partidos, cámaras cooperativas, empresas y medios comunitarios.

Martín Caparrós

Es escritor y periodista. Se licenció en historia en París, vivió en Madrid, Nueva York y Barcelona, hizo periodismo en gráfica, radio y televisión, dirigió revistas de libros y revistas de cocina, tradujo a Voltaire, a Shakespeare y a Quevedo, recibió la beca Guggenheim, los premios Planeta y Herralde de novela, los premios Tiziano Terzani y Caballero Bonald de ensayo, los premios Rey de España y Moors Cabot de periodismo. Ha publicado unos treinta libros en unos treinta países. Los últimos son la novela *Sinfín*, el ensayo *Ahorita*, las crónicas de *Lacrónica*, las fotos de *Postales*.

Ezequiel Fernández Moores

Es periodista. Trabajó más de cuarenta años en agencias de noticias. Redactor en Noticias Argentinas (NA), Jefe en Diarios y Noticias (DyN) y Editor en la italiana ANSA. Siempre en Deportes.

Escribió para numerosos medios. Desde el diario *Página/12* y *La Nación* en Argentina, hasta colaboraciones para *The New York Times*, *El País*, *La Vanguardia*, Il *Giorno*, en el exterior. Hizo investigaciones y guiones para TV y radio del Mundial 78 y documentales sobre deportes olímpicos e historias del fútbol. Trabajó en una decena de radios (actualmente Club 94.7 y Radio de la Ciudad). Es autor de tres libros (*Díganme Ringo*, *Breve historia del deporte argentino* y *Juego, luego existo*). Cubrió ocho Copas Mundiales de fútbol. Fue premio Kónex a mejor periodista deportivo argentino de la última década.

Leila Guerriero

Es periodista. Su trabajo se publica en diversos medios de América Latina y Europa, como *La Nación* y *Rolling Stone*, de la Argentina; *El País*, de España; *Gatopardo*, de México, y *El Mercurio*, de Chile. Es editora para América Latina de la revista mexicana *Gatopardo*. Dirige la colección Mirada Crónica, de Tusquets Argentina. Recibió, entre otros, el Premio de la Fundación Nuevo Periodismo Iberoamericano y el Premio Internacional Manuel Vázquez Montalbán. Publicó los libros *Los suicidas del fin del mundo*; *Frutos extraños*, *Una historia sencilla*, *Plano americano*, *Zona de obras*, *Opus Gelber* y *Teoría de la gravedad*. Su obra ha sido traducida al inglés, el francés, el italiano, el portugués, el alemán y el polaco.

Graciela Mochkofsky

Es autora de seis libros periodísticos, entre ellos *Timerman. El periodista que quiso ser parte del poder (1923-1999)* y *Pecado Original. Clarín, los Kirchner y la lucha por el poder*. Creció entre Neuquén, Salta, San Juan, Córdoba y Buenos Aires. Actualmente vive en Nueva York, donde dirige la maestría de periodismo bilingüe de la universidad pública de la ciudad de Nueva York (CUNY) y, en la misma universidad, es directora ejecutiva del Centro de Periodismo

Comunitario. Cofundó la revista digital *elpuercoespín*. Sus trabajos fueron publicados en diarios y revistas de la Argentina, Colombia, Perú, Brasil, Italia, México, España y Estados Unidos. Fue *fellow* de la Nieman Foundation en la Universidad de Harvard y el Cullman Center de la Biblioteca Pública de Nueva York. En 2018 recibió el premio Maria Moors Cabot de la Universidad de Columbia por su cobertura de las Américas.

María O' Donnell

Es periodista, madre de dos hijas, autora de libros de no ficción y licenciada en Ciencia Política de la Universidad de Buenos Aires. Después de graduarse ingresó al diario *Página/12* como pasante del suplemento de Cultura que dirigía Tomás Eloy Martínez. Luego se integró a la sección política y cursó mientras tanto la maestría en Relaciones Internacionales de la Facultad Latinoamericana de Ciencias Sociales (FLACSO) Al cabo de seis años se fue a trabajar al diario *La Nación* y en el año 1999 partió a Washington DC como corresponsal en Estados Unidos. Regresó a la Argentina en el 2002 y al año siguiente fue vicedirectora de la revista *TXT*. Desde 2003 trabaja en radio (obtuvo seis premios Martín Fierro) y en televisión. Entre sus libros se destacan: *Born* y *Aramburu*, ambos *best sellers*.

Natalí Schejtman

Es licenciada en Letras, periodista e investigadora. Empezó su carrera en el año 2001 en la revista *Para Ti*, y pasó por las revistas *TXT*, diario *Perfil*, Radar (*Página/12*) y por Canal Encuentro, en donde se dedicó a la producción de documentales interactivos y proyectos digitales. Publicó notas en las revistas *Rolling Stone*, *Gatopardo*, *Anfibia* y *Viva*, entre otras. En 2015 ganó la beca Chevening (del gobierno británico) para hacer una maestría en el Reino Unido y estudió Medios y Comunicaciones con especialización en Gobernanza en *London School of Economics and Political Science*. En 2018 comenzó su doctorado, que cursa en la Universidad de Buenos Aires. En el ámbito académico se dedica a investigar sobre los distintos aspectos del trabajo periodístico y su impacto en el contenido informativo.

Reynaldo Sietecase

Es escritor y periodista. Trabaja en gráfica, radio y televisión. Publicó las novelas *Un crimen argentino* (2002), *A cuántos hay que matar* (2010) y *No pidas nada* (2017), y el libro de relatos *Pendejos* (2007). Todos en el sello Alfaguara. Es autor de tres libros de crónicas: *El viajero que huye* (1994), *Bares* (1997) y *No hay tiempo que perder* (2011) y de la investigación periodística *Kamikazes, los peores mejores años de la Argentina* (Aguilar, 2013). Además, publicó ocho libros de poesía y el ensayo fotográfico *Desnudos de vidriera* (2017, *Reservoir Books*). *Lengua Sucia*, una antología publicada por Lumen en 2020, reúne gran parte de su obra poética. Por su trabajo en radio y televisión fue distinguido, en distintas oportunidades, con los premios Martín Fierro, Tato, Éter y Konex.

Impreso por TREINTADIEZ S.A. en 2020
Pringles 521 (C1183 AEI)
Ciudad Autónoma de Buenos Aires
Teléfonos: 4864-3297 / 4862-6794
editorial@treintadiez.com

www.ingramcontent.com/pod-product-compliance
Lightning Source LLC
Chambersburg PA
CBHW060049260726

48658CB00004B/1243